Bernd Raffler Verlag

Ich durchschaue Dich

Anleitung zur besseren Kommunikation mit Hilfe des Enneagramms

Bernd Kirsten • Beate Dahmen

Ich durchschaue Dich
Anleitung zur besseren Kommunikation
mit Hilfe des Enneagramms

Autoren:
Bernd Kirsten
Beate Dahmen

Titellayout:
Eric Raffler
www.raffler-werbung.de

Druck und Bindung:
Fuldaer Verlagsanstalt

ISBN: 3-9806643-7-6
1. Auflage 11-2004

Erschienen im:
Bernd Raffler Verlag
Conzestraße 32
59557 Lippstadt
Tel. (0 29 41) 2 29 35
Fax (0 29 41) 2 37 97
e-Mail: office@raffler-verlag.de
Internet: www.raffler-verlag.de

Wir danken

Jürgen Seidel für das Lektorat und die vielen helfenden Hinweise.

Bernd Raffler für die Unterstützung und das unkomplizierte Managen von allen Verlagsentscheidungen.

Eric Raffler für den Satz der Umschlagseiten.

Ganz besonders danken wir unseren Seminarteilnehmern für die vielen Beispiele und die guten Wünsche zum Gelingen dieses Buches.

Und allen Freunden, die aktiv an der Gestaltung mitgearbeitet haben.

Menschen sind unterschiedlich – ein paar Worte vorab

Guten Tag liebe Leserin, lieber Leser,

wir sind

ENNE AGRAM M

Wir freuen uns, Sie durch dieses Buch begleiten zu dürfen und haben gleich eine Frage:

Was für ein Mensch sind Sie? Sind Sie einer, der ein Buch gern von Anfang bis Ende liest? Genau in der Reihenfolge und ohne etwas zu überblättern? Gut, dann lesen Sie ja gleich weiter. Oder sind Sie der Typ, der erst etwas über die Hintergründe oder die Geschichte wissen will? Auch gut, in Kapitel 6 erfahren Sie etwas über die Herkunft des Enneagramms. Vielleicht lesen Sie aber in Büchern auch lieber zuerst nur diejenigen Kapitel, die Sie für besonders interessant halten? Gut, auf Seite 3 finden Sie das Inhaltsverzeichnis.

So unterschiedlich, wie sie lesen, so verschieden verhalten sich Menschen im täglichen Leben. Die einen sind bodenständig, und andere sind am liebsten immer wieder irgendwo anders. Einige wollen unbedingt das Sagen haben und andere mögen es eher, wenn sie nicht die Verantwortung übernehmen müssen. Die einen helfen, wo sie können, andere lieben eher die Ruhe und den Abstand.

Wie kann man nun mit anderen Menschen auskommen – wie kann man sie verstehen? Eine Antwort auf diese Frage gibt uns das Enneagramm. Schon vor mehreren hundert Jahren entstanden, beschreibt es Persönlichkeitstypen und deren Verhalten. Das Enneagramm geht dabei von neun Grundverhaltenstypen („ennea" griechisch „Neun", „grammos" Zeichnung) aus. Alle diese Verhaltenstypen stecken in jedem von uns - aber sie sind unterschiedlich stark ausgeprägt. Wenn wir das erkennen, gelingt es, uns selbst besser zu verstehen. Wir finden Antwort auf die Frage, wo liegen meine Stärken und wie kann ich diese optimal nutzen. Mit Hilfe des Enneagramms werden wir es nach einiger Zeit auch fertig bringen, mehr Verständnis für Verhaltensweisen zu entwickeln, die von unseren eigenen abweichen. Durch das Verständnis wird sich die Kommunikation – auch mit den so genannten "schwierigen Typen" – verbessern. Sie werden andere leichter von Ihren Ideen überzeugen.

Warum haben wir dieses Buch geschrieben? Bei der Fülle von Enneagramm-Literatur mag sich tatsächlich der eine oder andere fragen, warum noch ein Buch über das Enneagramm?

Seit sich das Enneagramm vor etwa 100 Jahren in eine wissenschaftliche und eine esoterische Richtung teilte, überwiegt besonders die esoterische Literatur. Auf der wissenschaftlichen Seite gibt es vorwiegend dicke Bücher, die das Thema auf mehr als 350 Seiten sehr ausführlich und umfassend behandeln. Aber: Wäre das wirklich lesenswert für Sie?

Viele Teilnehmer unserer Seminare zum Enneagramm ermunterten uns immer wieder, doch ein Buch für den Alltag zu schreiben. Ein Buch, das kurz und übersichtlich ist und das die notwendigen Kenntnisse einfach erklärt. Eben ein Buch, das es Menschen ohne hochwissenschaftliche Vorkenntnisse ermöglicht, sich selbst zu erkennen, andere besser zu verstehen und schließlich ihren eigenen Weg zu finden. Und dieses Buch halten Sie gerade in Ihren Händen.

Wir wünschen Ihnen viel Freude beim Lesen sowie eine Fülle von neuen Eindrücken und Erkenntnissen für Ihren zukünftigen Weg. Hoffentlich haben Sie genauso viel Spaß beim Lesen wie wir beim Schreiben.

Zuvor aber lassen Sie uns bitte noch auf eines hinweisen: Wenn wir im Nachfolgenden den lieben Leser ansprechen, dann dürfen Sie sich, liebe Leserin, bitte gleichermaßen angesprochen fühlen. Nur zur Erleichterung des Leseflusses beschränken wir uns auf eine Ansprache.

Beate Dahmen
Bernd Kirsten

Inhaltsverzeichnis

Einleitung

Kann man menschliches Verhalten vorhersagen?

Von jeher hat es Menschen interessiert, das „Verhalten" zu erklären. Wieso verhalten sich die einen so und die anderen in der gleichen Situation ganz anders. Kann man Verhalten vorhersagen? Und wie lassen sich derartige Kenntnisse im Umgang mit anderen Menschen nutzen?

Schon im Altertum versuchte man „Persönlichkeitsmodelle" aufzubauen. Eines der ältesten kennen Sie vielleicht schon: Die vier Temperamente der Antike. Schon damals unterschied man Sanguiniker, Choleriker, Melancholiker und Phlegmatiker. Diese Einteilung war allerdings relativ starr und es blieb wenig Raum für die Vielfalt der Menschen, die sich nicht exakt einem Typ zuordnen ließen.

Das Enneagramm ist dagegen kein festgelegtes System, das Menschen in Kategorien einteilt und gleichsam in ein Korsett zwingt. Es ist ein dynamisches System, welches die Menschen als individuelle Persönlichkeiten sieht und lediglich neun Grundtypen von Verhaltensmustern beschreibt. Dabei sind alle neun Verhaltenstypen in jedem von uns angelegt, aber jeweils unterschiedlich stark ausgeprägt. Das Enneagramm wertet Verhalten auch nicht. Es sagt nicht, dieses Verhalten ist schlecht und anderes Verhalten ist richtig.

Daher ist auch die Frage nach dem besten Enneagrammtyp sehr einfach zu beantworten – es gibt keinen! Das Enneagramm betrachtet alle Verhaltensgrundtypen als gleichwertig.

Was ist das Enneagramm?

Die Ursprünge des Enneagramms liegen schon sehr weit zurück (siehe Seite 108) (Geschichte). Das Enneagramm wird traditionell durch einen Kreis dargestellt, auf dem die neun Grundtypen angeordnet sind. Der neunzackige Stern im Inneren verdeutlicht, dass jeder Typ mit zwei anderen Typen in Verbindung steht und unter bestimmten Umständen auch deren Verhalten annehmen kann (siehe Seite 75) (die Pfeile). Außerdem wird jeder Persönlichkeitstyp auch von seinen beiden Nachbarn in Kreis beeinflusst. Diese werden Flügel genannt (siehe Seite 70) (Flügel).

Enneagramm

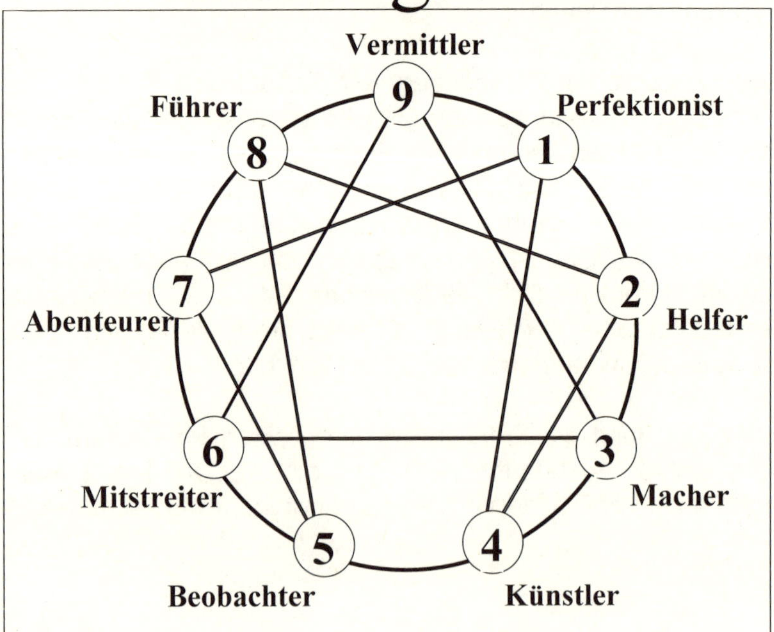

Das Enneagramm liefert für jeden Einzelnen praktisch anwendbare Erkenntnisse zu Persönlichkeitsmerkmalen wie auch zu Stärken und Schwächen. Daraus kann man Hinweise zur positiven Entwicklung der eigenen Persönlichkeit ableiten. Voraussetzung ist jedoch, dass man selbst offen für Hinweise zur eigenen Person ist.

In unseren Enneagramm-Seminaren kommt es hin und wieder vor, dass bei der Diskussion zu Stärken und Schwächen der ein oder andere Teilnehmer fest davon überzeugt ist, gerade diese Schwäche nicht zu besitzen. Sie verwenden viel Energie für die Abwehr der Hinweise und bauen damit gleichsam eine Mauer um sich herum. Aber so ist ein offener Umgang mit der eigenen Persönlichkeit nicht mehr möglich. Besser ist es, sich klar zu machen, dass jeder Mensch neben seinen Stärken auch Schwächen hat.

Eigene Schwächen zuzulassen und sich diese einzugestehen, das ist der erste Schritt zum erfolgreichen Umgang damit.

Übrigens, was sind Stärken und was sind Schwächen? Ist es nicht so, dass die Schwächen einer Person bei einer anderen Person Stärken sein können? Manchmal liegt in unserer größten Stärke gleichzeitig auch unsere Schwäche. Manchmal erkennen andere Menschen unsere Schwächen eher als wir selbst. Wenn wir unser Enneagrammprofil kennen, sind wir in der Lage, mögliche Schwächen rechtzeitig zu erkennen und zu lernen, damit umzugehen. Oder wir entwickeln unsere Schwäche zu einer Stärke.

Wie findet man nun den eigenen Enneagrammtyp? An dieser Stelle empfehlen wir, den Fragebogen im Anhang auszufüllen. Arbeiten sie möglichst ohne Unterbrechung. Planen Sie dafür etwa 15 bis 20 Minuten ein. Und lesen Sie bitte erst danach die Beschreibungen für die 9 Grundtypen im nächsten Kapitel.

Die Grundtypen

Bevor Sie jetzt weiterlesen, sollten Sie den Enneagramm-Fragebogen im Anhang ausgefüllt haben, denn dann können Sie die Ergebnisse aus Ihren spontan getroffenen Aussagen mit den nachfolgenden Beschreibungen vergleichen.

Vor Ihnen liegt schon Ihre Kurve mit Bergen und Tälern? Gut, dann können Sie jetzt einiges über sich und die einzelnen Typen erfahren. Noch einmal zur Erinnerung:

Das Enneagramm wertet nicht, es gibt keine schlechten und keine guten Typen, sondern eben nur unterschiedliche.

Jeder hat seine Stärken und Schwächen. Und bei den meisten Menschen vermischen sich die Charaktereigenschaften mehrerer Typen. Das heißt, auch Sie haben mit hoher Wahrscheinlichkeit Verhaltensanteile von mehr als einem Grundtypen.

Schauen Sie sich Ihre Kurve an! Wo liegt Ihr Stellenwert bei welchem Typ? Im Allgemeinen gilt:

Stellenwert 0 bis 3	–	dieses Verhalten ist eher unterdurchschnittlich ausgeprägt.
Stellenwert 4 und 5	–	dieses Verhalten ist eher durchschnittlich ausgeprägt.
Stellenwert 6 bis 9	–	dieses Verhalten ist eher überdurchschnittlich ausgeprägt.

Das ist aber nur ein erster Anhaltspunkt. Wie sieht nun Ihre persönliche Kurve aus? Stellt sie eher eine seichte Hügellandschaft dar oder sind deutliche Spitzen und Täler zu erkennen? Je krasser die Höhen und Tiefen, umso klarer wird Ihr Profil deutlich.

Wenn Sie Ihr Ergebnis mit den nachfolgenden Typenbeschreibungen vergleichen, sollten Sie bei allen Spitzen besonders genau vergleichen – diese Beschreibungen treffen am ehesten auf Sie zu. Aber auch bei Ihren Tälern sollten Sie aufmerksam werden.

Hilfreich ist die Frage: Welche positiven Eigenschaften hat dieser Typ, dessen Verhalten bei mir schwach ausgeprägt ist?

Was könnte mir dadurch fehlen? Kann ich eventuell diese Eigenschaft bei mir noch entwickeln – auch wenn es schwer fällt? Scheuen Sie sich auch nicht, dabei die Hilfe anderer Menschen in Anspruch zu nehmen.

Das Enneagramm unterstützt im ersten Schritt das bessere Verständnis der eigenen Persönlichkeit. Es zeigt vielfältige Verhaltens- und Entwicklungsmöglichkeiten, auf die im Kapitel „Flügeltypen und Stress- und Entspannungspunkte" noch näher eingegangen wird. Im zweiten Schritt vermittelt das Enneagramm natürlich Erkenntnisse zum besseren Umgang mit anderen Menschen. Hier ist jedoch Vorsicht geboten.

Sie können Ihr Gegenüber ja kaum bitten, zunächst einmal einen Fragebogen auszufüllen.

Daher ist es natürlich schwieriger, andere Personen einzuschätzen. Geschieht dies „aus dem Bauch heraus" besteht schnell die Gefahr, anderen einen Stempel aufzudrücken. Aus den Erkenntnissen des Enneagramms lässt sich allerdings schlussfolgern, welche Verhaltensweisen für den Umgang mit anderen Menschen günstig und welche eher ungünstig sind.

In Seminaren fällt uns immer wieder auf, dass Teilnehmer genau dieses Verhalten bei anderen Menschen nur schwer nachvollziehen können, welches bei ihnen selbst eher gering ausgeprägt ist. Genau dieses Unverständnis ist der Grund, weshalb wir im Zusammenleben und in der Kommunikation mit anderen Menschen Stress und Ärger haben. Und beides möchte man doch eher vermeiden, oder?

Nehmen wir ein Beispiel: Ein Mensch mit geringem Anteil an Verhaltensmustern des Typs 2 wird nur schwer verstehen, warum Zweier helfen wollen. Er empfindet womöglich das Verhalten von Zweiern als aufdringlich und als Einmischung in seine Angelegenheiten. Er weist das Hilfeangebot ab und wundert sich schon wieder. Denn die Zwei ist jetzt beleidigt und zieht sich zurück. Noch weniger kann der „Nicht-Zweier" verstehen, dass die Zwei uneigennützig hilft, nur weil sie für ihre Hilfsbereitschaft geliebt werden will und diese Anerkennung – das Bewusstsein, gebraucht zu werden – genießt. Menschen mit deutlichen Zweieranteilen können das dagegen gut verstehen. Schon eigenartig – oder?

Liebe Leser, genau hier liegt die Chance.

Die Erkenntnis, dass Menschen gemäß der Enneagrammtypen unterschiedlich handeln müssen und uns keineswegs ärgern wollen, führt zu einer positiveren Einschätzung und zu mehr Verständnis. Damit halten Sie den Schlüssel zum sicheren und bejahenden Umgang mit Ihren Mitmenschen in Ihren Händen! Aber widmen wir uns jetzt den insgesamt neun Typen des Enneagramms.

Einser sind Menschen, die alles richtig machen wollen. Dabei streben sie nach Perfektion und Vollkommenheit, nicht nur für sich, sondern auch für ihre Umwelt. Einser haben ein hohes Wertesystem, nach dem sie selbst leben und das sie als Maßstab für die Bewertung ihrer Umwelt anlegen. Einser sind hilfsbereit, aber im Gegensatz zu Zweiern - die helfen weil sie das Gefühl haben wollen, gebraucht zu werden - helfen Einser, weil sie glauben, andere dadurch zur Perfektion zu führen. Einser haben ein hohes Durchhaltevermögen, und bei der perfekten Erfüllung komplizierter Aufgaben zeigen sie ein erhebliches Maß an Ausdauer.

Einser wollen Ärger vermeiden. Sie hassen Schlamperei und Unordnung ebenso wie Unpünktlichkeit und Unzuverlässigkeit. Manchmal zögern Einser mit einer Tätigkeit zu beginnen, weil sie Angst haben, Fehler zu machen. Sie neigen dazu, vorher jedes Detail ihres Vorhabens genau zu durchdenken. Sie haben Angst, den an sie gestellten Anforderungen nicht zu genügen. Daher überprüfen Einser ihre Vorhaben immer wieder neu und versuchen, sich alle möglichen Situationen, die eintreten könnten vorzustellen. Sie wollen so auf alle Eventualitäten vorbereitet sein. Das kann dazu führen, dass sich Einser mehr mit durchaus unwahrscheinlichen, zukünftig möglichen Situationen beschäftigen, als sich über einen erzielten Erfolg zu freuen.

Uns wurde der Fall einer jungen Frau bekannt, die sehr erfolgreich in einer Behörde arbeitete. Seit einigen Jahren war sie im Urlaub nicht mehr verreist – was nicht weiter tragisch ist. Allein wenn ihr Partner vorschlug, dass man doch „mal eine Woche Urlaub im Süden machen" könne, bekam sie Zustände. Sie hatte zwar, wie es ihrem Typ Eins entspricht, Bedenken, behielt sie aber für sich. Der Urlaub wurde also gebucht. Aber je näher der Termin rückte, und ihr Partner sich schon sehr freute, desto mehr Zweifel äußerte sie. Diese reichten über mögliche Schwierigkeiten bei der Verständigung bis zum Ausfall der Klimaanlage im Hotel und so weiter, und so weiter. Und spätestens eine Woche vor dem geplanten Urlaubsbeginn wurde die Eins krank. Nichts Ernstes, nur psychosomatische Störungen, die sehr schnell verschwanden, wenn die Reise abgesagt wurde.

Bei plötzlich auftretenden Problemen bringen Einser sofort ihre Reaktionen unter Kontrolle und sagen gar nichts. „Nur nicht schlimmer machen", so lautet ihre Devise. Der Wutausbruch folgt erst später, wenn die unmittelbare Konfrontation mit der anderen Person vorbei ist.

Die Schwäche der Eins ist der Unmut, der bei ihr durch die Unvollkommenheit seiner Umwelt hervorgerufen wird und der sich bis zum Zorn über angeblich mangelnde Perfektion steigern kann. Da plant zum Beispiel die Familie einen Wochenendausflug. Es soll mal wieder raus ins Grüne gehen, man will ein wenig wandern. Aber vor dem Abmarsch muss noch die Küche aufgeräumt werden. Wenn zu Hause keine Ordnung herrscht, kann der Ausflug für den Einser nicht perfekt sein. Die restliche Familie mault, weil draußen so schönes Wetter ist und sich der Start dadurch nur verzögert. Die Eins ärgert sich über das unperfekte Verhalten der anderen, sie kritisiert die Kinder, weil sie keinen Ordnungssinn haben, sie wirft dem Ehepartner vor, dass er auch schon gestern hätte aufräumen können und so immer weiter. Nach geraumer Zeit wird die Eins endlich fertig, und der Ausflug könnte beginnen. Aber inzwischen kooperiert das Wetter nicht mehr, es regnet und regnet. Der Ausflug muss auf ein späteres Wochenende verschoben werden. Alle ärgern sich, nur die Eins fühlt sich in ihrem Zorn bestätigt: Die Welt ist eben nicht perfekt.

In der Arbeit sind Einser sehr gewissenhaft und gründlich, manchmal sogar pedantisch. In ihrem Bestreben, alles perfekt zu machen, können sie sich dabei leicht verzetteln. In den Augen anderer erscheinen sie dann schnell als unflexibel. Manchmal steht bei Einsern der Zeitaufwand in keinem guten Verhältnis zum erzielten Nutzen. Dadurch können möglicherweise Reibungspunkte entstehen in der Auseinandersetzung mit Arbeitskollegen. Einser arbeiten gern im Team. Dort setzen sie sich für Gerechtigkeit und ehrliche Zusammenarbeit ein. Sie unterstützen Kollegen, die sich bemühen, Prozesse zu verbessern.

Einser als Führungskräfte versuchen, durch das eigene Vorbild zu motivieren. Forderungen und Maßstäbe, die sie an andere stellt, gelten natürlich auch für die Eins selbst. Dabei sehen Einser immer Möglichkeiten für Verbesserungen, was allerdings Mitarbeitern unter Umständen das Gefühl geben kann, es ihrem Chef nie recht machen zu können.

Besonders geeignet für Einser sind Berufe, bei denen es auf Genauigkeit ankommt, exakte Organisation und natürlich Selbstdisziplin. So sind zum Beispiel viele Lehrer Einser. Auch Berufe im Finanzwesen oder in der Wissenschaft sind für sie geeignet. Exakte Labordiagnostik im Gesundheitswesen oder Tätigkeiten im Rechtsbereich sind ebenfalls für Einser geeignete Aufgaben. Insgesamt fühlen sich Einser bei Tätigkeiten mit klaren Richtlinien, Vorschriften und Regeln (z.B. in einer Baubehörde) wohl.

Als weniger geeignet für Einser erweist sich eine Arbeit in Bereichen, in denen Vorschriften ständig geändert werden müssen (z. B. Kreativbüro). Auch Bereiche, in denen oft kurzfristige Entscheidungen getroffen werden müssen, ohne dass dafür ausreichend Daten zur Verfügung stehen, sind für Einser eher nicht zu empfehlen.

Was Einser bei sich entwickeln sollten

Versuchen Sie, nicht immer zu 100 Prozent perfekt zu sein. Das ist immer noch gut genug. Und bedenken Sie, kleine Schwächen oder Fehler machen doch erst sympathisch.

Seien Sie stolz auf ihre Leistung, auch wenn Sie glauben, dass alles noch nicht perfekt ist. Kritisieren Sie nicht fortwährend an sich selbst herum.

Gönnen Sie sich etwas Gutes. Tun Sie mal das, was Ihnen wirklich Spaß macht, auch wenn Ihr Zimmer noch nicht aufgeräumt ist. Gehen Sie zum Beispiel mit Freunden einfach mal einen Kaffee oder auch ein Bier trinken.

Zeigen Sie Humor! Lernen Sie zum Beispiel selbst Witze oder Anekdoten zu erzählen, anstatt in den Geschichten der anderen nach Fehlern zu suchen.

Lernen Sie, dass sich nicht jede Kritik, die ein anderer allgemein vorbringt, speziell auf Sie gerichtet ist. Und ein Lob für jemand anderen bedeutet nicht, dass Sie schlechter sind. Wenn Ihr Partner Ihnen zum Beispiel erzählt, dass ein Kollege sehr gut Auto fährt, heißt das nicht, dass Sie ein schlechter Autofahrer sind.

Versuchen Sie, andere zu loben. Keiner ist perfekt, oft führen Lob und Anerkennung zu besseren Ergebnissen als Kritik.

Lernen Sie, zu delegieren und auch anderen Menschen Verantwortung zu übertragen.

Hinweise zum Umgang mit Einsern

Einser wägen das Für uns Wider von Argumenten genau ab. Planen Sie daher bei Diskussionen mit Einsern ein, dass alle Gesichtspunkte offen besprochen werden können. Lassen Sie möglichst keine Fragen offen. Fragen Sie Einser direkt, bei welchen Punkten noch Erklärungsbedarf besteht.

Einser haben einen tieferen Sinn für Gerechtigkeit. Leisten Sie Ihren Anteil bei gemeinsamen Pflichten, egal ob bei der Hausarbeit oder bei Arbeitsprojekten.

Zeigen Sie, dass Sie die hohen Wertmaßstäbe der Einser achten, und dass sie keinen Beweis für ihre Perfektion abliefern müssen.

Beachten Sie, dass Einser allgemein geäußerte Kritik sofort auf sich beziehen. Sprechen Sie Fehler also vorsichtig und immer konkret an. Und sagen Sie dem Einser, dass Sie ihn trotzdem lieben.

Wenn Sie mit Einsern verhandeln möchten, bauen Sie Ihre Argumentation logisch und gründlich auf. Gute Umgangsformen, Offenheit, Ehrlichkeit und Fairness machen auf die Eins Eindruck. Wenn Achter Gerechtigkeitsfanatiker sind, so achten Einser auf Stil. Und sie schätzen eine gute Vorbereitung.

Wenn Sie eine Eins zu etwas bewegen wollen, loben Sie zunächst ihre Perfektion, die sonst niemand erreicht. Betonen Sie, dass gerade bei dieser Aufgabe Tüchtigkeit und Vollkommenheit gefragt sind und bitten Sie dann um Hilfe.

Zweier wollen helfen! Immer und überall. Aber nicht um Geschäfte zu machen oder um Vorteile zu erlangen. Nein, Zweier mögen das Gefühl, gebraucht zu werden, und sie genießen es, für ihre Hilfe geschätzt werden. Sie sind der Abladeplatz für die Sorgen ihrer Mitmenschen. Nicht-Zweiern oder Menschen mit geringem Zweier-Anteil ist es oft unverständlich, dass jemand hilft, nur um geliebt zu werden.

Zweier wollen Bedürftigkeit vermeiden, nicht nur bei sich selbst, sondern auch bei anderen. Sie legen daher „Vorräte" an und haben immer gern noch etwas in Reserve. Sollte jemand etwas benötigen, so können Zweier daher fast immer helfen. Wenn Sie zur Abendbrotzeit einen Zweier besuchen, wird er Sie bestimmt fragen, ob Sie schon gegessen haben und Ihnen meistens etwas anbieten. Erstaunlich, was er dann aus seinen Vorräten „zaubern" kann. Denn dem Zweier sind Ihre Bedürfnisse wichtig. Oftmals vergisst er dabei seine eigenen Wünsche oder Ziele.

Im Bestreben zu helfen, geht der Zweier – in den Augen des anderen - manchmal etwas zu weit. Dazu ein Beispiel: Da sitzt man bei einer Familienfeier gemütlich zusammen, und dann verabschiedet sich der heranwachsende Sohn. Der Junior will „auf die Piste gehen". Doch dann kommt er wütend zurück und beschimpft seine Mutter. „Du sollst nicht immer mein Portemonnaie durchwühlen", schreit er sie an. „Ich bin volljährig, und ich will das nicht." Mit einem lauten Knall wird die Tür zugeschlagen, und weg ist der heftig verärgerte junge Mann. Ziemlich hilflos sitzt die Runde da. Am hilflosesten die Mutter: „Ich wollte doch bloß nachsehen, ob der Junge genügend Geld dabei hat. Sonst hätte ich ihm noch welches dazu gesteckt. Was anderes wollte ich doch gar nicht."

Wenn wir diese Geschichte im Seminar erzählen, gibt es bei den meisten Teilnehmern spontane Zustimmung – die einen geben dem Sohn Recht, die anderen der Mutter. Einige sind auffällig ruhig und überlegen, wie sie in dieser Situation gehandelt hätten – das sind oft die Zweier. Eine Möglichkeit wäre vielleicht gewesen, den jungen Mann ganz direkt zu fragen, ob er noch Geld für den Abend braucht. Aber gerade das fällt Zweiern schwer. Und was denken Sie selbst darüber?

Zweier interessieren sich immer sehr für die Bedürfnisse ihrer Mitmenschen, sie können nicht nur gut zuhören, sondern erwarten, dass man sich ihnen anvertraut, damit sie helfen können. Ihr Drang zur Hilfe und Unterstützung kann zur Ohnmacht des so entmündigten Mitmenschen führen. Nicht jeder will da mitspielen und sich in eine Abhängigkeit drängen lassen. Zweier können dann kaum begreifen, dass Menschen, denen doch ihre ganze Fürsorge gilt, jetzt regelrecht böse auf die sie sind und diesen Beistand stattdessen sogar als Einmischung in ihre eigenen Angelegenheiten betrachten.

Wenn Zweier mit einem Problem konfrontiert werden, haben sie eine interessante Technik entwickelt: Unterdrücken und aus ihren Gedanken ausblenden. Dadurch gelingt es ihnen, vorübergehend ruhiger zu leben, den Kopf frei zu haben und anderen wieder zu helfen. Was ist mit „unterdrücken" gemeint?

Ein Bekannter (natürlich Typ 2) wollte am EC-Automaten Geld abheben. Als er von der Bank zurückkam, sagte er: „Ich bin ja so froh, dass der Automat noch Geld herausgegeben hat, mein Konto ist seit einiger Zeit am Ende – ich hole schon seit zwei Wochen keine Kontoauszüge mehr..." Wie gesagt, das Problem ist nicht beseitigt, aber wenn er keine Kontoauszüge holt und so die harte Realität auch nicht schwarz auf weiß ausgedruckt bekommt, besteht ja immer noch etwas Hoffnung.

Zweier sind leicht verletzt und reagieren oft empfindlich auf Kritik. In diesem Punkt kommt auch ihre Schwäche, der Stolz, zum Ausdruck. Wenn Zweier helfen, so geben sie nicht nur gute Ratschläge, sondern sie bauen gleichsam eine Beziehung zu ihren Gesprächspartnern auf. Wenn dann aber ihr gut gemeintes Hilfsangebot abgewiesen wird, sind Zweier oft beleidigt und fühlen sich gekränkt und persönlich zurückgestoßen. Dann können sie sich aus einer Beziehung zurückziehen und schmollen. Jetzt gebietet ihnen ihr Stolz, zu warten, bis der andere um Hilfe bittet – auch wenn sie das meist nicht lange durchhalten.

Zweier arbeiten gern im Team und legen großen Wert auf eine gute Arbeitsatmosphäre. Zweier wollen spüren, dass sie gebraucht werden. Wenn Sie eine Zwei motivieren möchten, sagen sie ihr, dass ihr Rat sehr geschätzt ist und dass sie als hilfreicher Unterstützer geachtet wird. Im Gegensatz zu den Neunern, die im Konfliktfall eher vermitteln, um ihre Ruhe zu haben, schlichten Zweier im Streitfall, um ein gutes Arbeitsklima zu schaffen. Sie kümmern sich um ihre Kollegen und helfen zum Beispiel jederzeit gern mit einem Reserveblock oder einem Kugelschreiber aus. Oft merken sie dann nicht, wenn man sie ausnutzt. Tipp: Sparen Sie sich den Weg zur Büromittelausgabe, denn der Zweier hilft gern und teilt seine Reserven mit Ihnen. Später holt der Zweier selbst Büromaterial, aber nicht ohne vorher zu fragen, ob Sie vielleicht auch noch etwas brauchen.

Zweier wollen für ihre Hilfsbereitschaft gelobt werden – am liebsten öffentlich, oft und deutlich. Und da ist er dann auch wieder – ihr Stolz auf die Unabkömmlichkeit! Und noch ein Phänomen ist den Zweiern eigen. Wenn Zweier eine Putzfrau oder einen Gärtner beschäftigen, dann nicht etwa weil sie diese Hilfe brauchen, nein, die Anstellung der Putzfrau erklärt eine Zwei damit, dass sie damit eine Ich-AG unterstützt, und der Gärtner würde ja sonst allein zu Hause sitzen und so habe er doch Bewegung sowie Kontakt zu Menschen und außerdem könne er noch etwas Geld verdienen. Dank der Zwei ...

Der Führungsstil der Zweier basiert auf dem Wissen, unter welchen Bedingungen ihre Mitarbeiter am meisten leisten können. Und genau diese Bedingungen versuchen sie dann zu schaffen. Zweier-Chefs kennen jeden ihrer Mitarbeiter genau, grüßen alle mit Handschlag und machen sich Gedanken, wie sie am besten mit diesen Mitarbeitern umgehen können. Wer braucht mehrere Anstöße, wer sollte nicht noch zusätzlich unter Druck gesetzt werden, bei wem muss etwas gegen seine Unsicherheit getan werden? Das sind Fragen, die sich Zweier-Chefs stellen.

Besonders geeignet für Zweier sind alle Berufe mit Kontakten zu anderen Menschen, zum Beispiel im Sozialwesen, aber auch in der Beratung und im Verkauf. Im Gesundheitswesen und in Pflege- und Betreuungstätigkeiten fühlen sich Zweier ebenfalls sehr wohl.

Weniger geeignet für Zweier sind Berufe mit nur geringem Kontakt zu anderen Menschen, Computerprogrammierer zum Beispiel. Schwierig für Zweier sind ebenfalls Aufgaben, bei denen oft Zwangsmaßnahmen durchgeführt werden müssen, wie zum Beispiel als Gerichtsvollzieher.

Was Zweier bei sich entwickeln sollten

Eine der wichtigsten Empfehlungen lautet: Loslassen!!! Bedenken Sie, dass nicht alle Menschen immer und überall Ihre Hilfe wollen.

Lernen Sie „Nein“ zu sagen. Es geht auch ohne Sie. Lassen Sie anderen den Vortritt, wenn es darum geht, Aufgaben zu übernehmen. Sie müssen auch nicht jeder Bitte entsprechen. Prüfen Sie, ob Ihre Hilfe wirklich benötigt wird oder ob Sie vielleicht jemand nur ausnutzen will. Machen Sie sich klar, dass Sie eigene Bedürfnisse haben und diese auch äußern dürfen. Bitten Sie doch einfach selbst mal jemanden um Hilfe.

Hinweise zum Umgang mit Zweiern:

Achten Sie auf Hilfsangebote von Zweiern. Würdigen Sie diese und vermeiden Sie unbedacht schroffe Zurückweisungen. Bedanken Sie sich lieber einmal zu oft als zu selten.

Bauen Sie persönlichen den Kontakt zu Zweiern auf. Ein kurzes Gespräch, ein paar nette Worte sind für sie wichtig und motivierend.

Lassen Sie die Zweier wissen, dass Sie ihre Hilfe zu schätzen wissen und geben Sie ein kurzes Feedback, dass und wie Ihnen diese Hilfe genützt hat.

Wenn sich die Gelegenheit ergibt, loben Sie Zweier auch vor anderen Menschen und sagen Sie, wie sehr die Zwei Sie unterstützt hat.

Wenn Sie die Hilfe einer Zwei ablehnen wollen oder müssen, sagen Sie unbedingt, dass Sie die Hilfsbereitschaft und den guten Willen zur Unterstützung erkannt haben und ihr danken. Dann begründen Sie vorsichtig und gefühlvoll, warum Sie diesmal allein arbeiten.

Unterstützen Sie die Zwei dabei, ihre eigenen Bedürfnisse zu erkennen und zu äußern. Bauen Sie ihr Brücken, damit sie auch selbst Hilfe annimmt.

Wenn Sie eine Zwei zu etwas bewegen wollen, bitten Sie einfach um Hilfe und sagen Sie möglichst genau, wie die Zwei Sie unterstützen kann.

Dreier werden auch die „Leistungsorientierten" genannt. Sie sind voller Tatkraft und Optimismus und können Visionen zu Zielen konkretisieren, die sie dann konsequent umsetzen. Auch in scheinbar ausweglosen Situationen finden Dreier immer noch eine Lösung. Misserfolge wollen sie unbedingt vermeiden.

Die Drei will Erfolg und steht ständig im Wettbewerb mit anderen. „Mein Haus, mein Pferd, mein Auto" das sind die Statussymbole, die Dreier gern vergleichen – auch wenn in Wirklichkeit fast alles noch der Bank gehört...

Obwohl Dreier beruflich fast immer im Wettbewerb stehen, sind sie kollegial und hilfsbereit. Konkurrenz treibt Dreier voran. Wenn Zweier helfen, weil sie dafür geliebt werden wollen, helfen Dreier, damit es vorwärts geht und weil sie wissen, dass sie die Besseren sind. Wenn Zweier wollen, dass man sie als Person mag, wollen Dreier, dass man ihren Leistungen Respekt entgegenbringt. Es spielt für sie weniger eine Rolle, ob Verhandlungspartner sie als Menschen mögen als dass man ihren Erfolg anerkennt.

Probleme lösen Dreier, indem sie sich damit identifizieren und zukunftsorientiert nach Lösungsmöglichkeiten suchen.

Die Schwäche der Drei ist die Lüge – oder etwas genauer ausgedrückt: Die Drei nimmt es mit der Wahrheit manchmal nicht so ganz genau. Dreier können Erfolgstorys so lange erzählen, bis sie selbst daran glauben. Eine Drei würde niemals einen Geschäftspartner vorsätzlich betrügen, das empfände sie als unfair. Aber die Drei würde auch nicht von sich aus auf Nachteile hinweisen, die sie für nicht wesentlich hält.

In einem unserer Seminare erzählte uns ein Handelsvertreter folgende Geschichte: Im Auftrag einer Firma verkaufte er Parfüm. Die Flakons hatten die Form von Haribo-Bärchen in verschiedenen Farben und Größen, und sie waren in erster Linie als Sammelobjekte für Teenies gedacht. Dieses Produkt war in seinem Verkaufsgebiet bisher hervorragend gelaufen. In einem kleineren Ort äußerte die Inhaberin der dortigen Parfümerie jedoch Zweifel, ob das Produkt auch da erfolgreich sein würde und kaufte nichts. Der besagte Handelvertreter ging in die örtliche Schule und sprach mit einigen Schülerinnen, die offensichtlich die Meinungsbildner waren. Ihnen schenkte er ein Flakon und versprach ein weiteres, wenn sie ihren Freundinnen erzählten, sie hätten diese in der örtlichen Parfümerie gekauft. Etwa drei Tage später rief die Geschäftsfrau den Handelsvertreter wieder an und fragte, ob im Fernsehen für dieses Produkt geworben worden sei, denn es habe mehrere Nachfragen gegeben. Die Inhaberin bestellte daraufhin eine größere Menge an Flakons und verkaufte diese auch sehr erfolgreich.

Veranschaulichen wir uns das Ergebnis:

Die Schülerinnen waren glücklich über die hübschen Produkte.

Die Parfümerieinhaberin war glücklich über den Umsatz.

Der Handelsvertreter war glücklich über die hohe Provision.

Der Hersteller war glücklich über den erfolgreichen Absatz.

Alle waren zufrieden, und zwar nur, weil ein Dreier seinem Charakter entsprochen hatte. Auch wenn nicht jeder Dreier Handelsvertreter ist und Parfüm verkauft, das Beispiel ist typisch und lässt sich verallgemeinern.

Dreier verstehen es, sich stets ins rechte Licht zu rücken. Sie neigen dann dazu, mehr auf ihre äußere Erscheinung als auf ihre Gefühle zu achten. Sie beherrschen die Instrumente, um ihr Erscheinungsbild aufzubessern und Misserfolge nicht mehr als solche erscheinen zu lassen. Dreier verpassen es nie, an geeigneter Stelle oder in entsprechender Runde ihre Erfolge zu erwähnen. Über Niederlagen dagegen gehen sie im Gespräch fast unbemerkt hinweg.

Dreier sind hoch motivierte Arbeiter. Die Angst zu versagen ist eine ihrer Antriebskräfte. Daher bearbeiten sie oft mehrere Projekte gleichzeitig. Wenn Sechser wissen wollen, was sie tun sollen, möchten Dreier auch wissen, warum sie es tun sollen. Sie wollen Entscheidungen gern selbst treffen und lieben daher keine all zu strengen Handlungsvorgaben. Das bloße Erfüllen von Richtlinien liegt ihnen nicht. Dreier wollen selbst zum Erfolg beitragen und dabei eigene Wege zum Ziel gehen – auch wenn diese völlig unkonventionell sind. Und das sogar noch lieber.

Ein Seminarteilnehmer (ein Dreier im Außendienst) erzählte uns von seinem Chef, der offensichtlich ein Fünfer-Typ war und auf dem Standpunkt stand, jeder Mitarbeiter brauche nur die Informationen, die er unbedingt zur Erfüllung seiner Aufgabe benötigt. Alle Handlungswege und die Art der zu Tages- und Wochenberichte war von ihm exakt vorgegeben. Zu neuen Verkaufsrichtlinien teilte der Chef nur die Fakten und Vorgaben mit, er sagte seinen Mitarbeiter aber nichts über die Hintergründe, die zu den Entscheidungen geführt hatten. Der Außendienstmitarbeiter fühlte sich in seinem Engagement eingeengt und in seiner Kreativität behindert, kurz gesagt, er war unzufrieden. Trotzdem erzielte er erneut die höchsten Umsätze. Nur mit dem Berichtswesen konnte er sich nicht anfreunden. So wie viele Dreier hielt er das Anfertigen von Berichten für unproduktiv und lieferte sie daher oft unregelmäßig ab. Wahrscheinlich würde sie ja ohnehin niemand lesen, dachte er sich. Als ihn nun der Chef aber vor allen anderen Mitarbeitern kritisierte, da seine Tagesberichte nicht pünktlich vorlagen und dazu noch mit keiner Silbe seine guten Verkaufsergebnisse erwähnte, fühlte sich der Mitarbeiter nicht nur ungerecht behandelt. Schlimmer noch, er kam sich ungerechtfertigt herabgesetzt vor. Und daher hat dieser gute Verkäufer später gekündigt und sich eine andere Firma gesucht. Dort verdient er zwar etwas weniger, aber er kann seine Aktivitäten und seine Kreativität voll entfalten. Und wie er von sich selbst berichtete, gehe es ihm jetzt richtig gut.

Dreier übernehmen gern Verantwortung. Als Führungskraft können sie andere begeistern und mitreißen. Ihre besondere Stärke liegt dabei im Darstellen von Aufgaben und Zielen. Schwierigkeiten dagegen werden in den Präsentationen von Dreiern oft heruntergespielt oder ganz ausgeblendet. Es zählt nur das Ergebnis, welches eine Drei notfalls auch im Alleingang bringt. Die Drei zeigt vollen Einsatz und verlangt diesen auch von ihren Mitarbeitern. Nur die Leistung zählt, Gefühle müssen warten. Der Dreier-Chef übersieht manchmal, dass Mitarbeiter nicht unbedingt seinem Tempo folgen können. Dreier glauben mitunter, Menschen seien nur zur Arbeit da. Große Teile der Belegschaft fühlen sich durch solches Verhalten ausgebeutet und unter Erfolgsdruck gesetzt. Mitarbeiter, die einwenden, eine Aufgabe sei aus objektiven Gründen so nicht ausführbar, laufen oft Gefahr, dass der Dreier-Chef abwinkt und ihnen mangelndes Engagement oder gar Unfähigkeit vorwirft.

Dreier planen ihren Arbeitsablauf oft sehr exakt. Sie werden nervös, wenn sich Verzögerungen einstellen. Dreier sind der Meinung, dass jeder Termin exakt eingehalten werden muss und kann. Es kommt ihnen nur auf die nötige Effizienz an. Dreier legen dabei oft mehr Wert auf Quantität als auf Qualität, da Quantität wirksamer in der Darstellung sei. Zwischen Dreiern und Einsern ist damit ein Reibungspunkt vorprogrammiert. Einser legen mehr wert auf Qualität und halten lieber Termine nicht ein, als dass sie etwas Unperfektes abliefern. Dreier bewerten das dagegen als unzuverlässig.

Dreier sind nicht gern unproduktiv. Sie hassen es, im Supermarkt an der Kasse Schlange zu sehen, im Wartezimmer wertvolle Zeit zu vergeuden oder im Stau zu stecken. Dreier wollen aktiv sein und selbst etwas unternehmen. Sollte ein Dreier doch mal länger als fünf Minuten in einer Schlange stehen, so wird er mindestens sechs mal demonstrativ auf die Uhr schauen und seinem Nachbarn mitteilen, was er in dieser vergeudeten Zeit alles hätte machen können und welche Aufgaben noch auf ihn warten. Es gibt Dreier, die verlassen bei Stau die Autobahn. Auf den Landstraßen brauchen sie dann zwar wesentlich länger, aber sie haben für sich den Eindruck, etwas zu tun und aktiv zu sein. Es geht wenigstens vorwärts.

Besonders geeignete Berufe für Dreier sind alle Tätigkeiten im Verkauf oder in der Webung. Immer wenn es auf Geradlinigkeit und Effizienz ankommt, fühlen sich Dreier in ihrer Tätigkeit wohl. Schnelle Kurswechsel und Wettbewerbe lassen Dreier zur Hochform auflaufen. Klare Prämiensysteme, aber auch Titel und Rangstufen sind gute Anreize für Dreier.

Als weniger geeignet erweisen sich Berufe mit tatsächlicher oder scheinbarer Inaktivität, zum Beispiel Verwaltungsaufgaben. Dreier sitzen nicht gern still und wollen sich nicht durch langwierige Diskussionen aufhalten lassen.

Was Dreier bei sich entwickeln sollten

Stellen Sie sich der Realität im Wettbewerb. Beziehen Sie in Ihre Überlegungen auch die Möglichkeit eines Misserfolgs ein. Nicht immer sind vollständige Siege „auf der ganzen Linie" möglich. Lassen Sie zu, dass auch mal ein anderer besser ist als Sie.

Versuchen Sie, sich Ihrer Täuschungsmanöver bewusst zu werden. Es geht schon in Ordnung, sich selbst so positiv wie möglich darzustellen, aber übertreiben Sie es bitte nicht.

Machen Sie sich bewusst, dass nicht alles Gold ist, was glänzt. Lassen Sie sich nicht von schönen Fassaden beeindrucken – schauen Sie auch dahinter.

Versuchen Sie zu verstehen, dass nicht alle anderen unbedingt so schnell zur Tat schreiten wollen, wie Sie. Manchmal führt eine gründlichere Überlegung am Anfang letztlich sogar schneller zum Ziel als spontane Aktivität zum Erreichen von Quantität.

Achten Sie auch im Berufsleben auf Ihre Gefühle und lernen Sie, diese zum Ausdruck zu bringen.

Lernen Sie, auch mal nichts zu tun.

Hinweise zum Umgang mit Dreiern

Dreier werden krank, wenn sie nicht produktiv sein können. Also sorgen Sie für anspruchsvolle Aufgaben.

Gute Leistungen von Dreiern sollten Sie möglichst öffentlich loben. Dreier wollen, dass andere von ihren Leistungen erfahren.

Vermeiden Sie es, immer wieder Fehler der Vergangenheit anzuführen. Dreier sind aktiv und lösungsorientiert und wollen genau diese früheren Fehler vergessen.

Wenn Sie gegenüber Dreiern Kritik üben wollen, achten Sie darauf, dass das Image der Drei nicht beschädigt wird. Beginnen Sie möglichst mit einer

Wertschätzung, bevor Sie Ihre Kritik anbringen. Stellen Sie Kritik am Dreier so dar, dass er spürt, Sie wollen ihm helfen, noch effizienter zu sein.

Dreier neigen dazu, sich immer mehr Projekte oder immer mehr Arbeit auf den Tisch zu ziehen. Schließlich soll jeder sehen, was sie leisten. Helfen Sie Dreiern dabei, ihre Belastbarkeit realistisch einzuschätzen.

Ermutigen Sie Dreier, Dinge auch einmal langsamer anzugehen. Dreier lieben eher die Hektik. Schnell und möglichst als erster ein Ergebnis zu erzielen ist für die Drei wichtiger als Tiefgründigkeit. Machen Sie dem Dreier deutlich, dass Sie ihn genau so achten, wenn er nicht immer der Erste ist.

Wenn Sie einen Dreier zu etwas bewegen wollen, erklären Sie ihm, dass man mit dieser Sache seine Effizienz steigern und dass die Drei möglicherweise dadurch Wettbewerbsvorteile erlangen kann. Bitten Sie die Drei, es einfach zu versuchen.

Vierer haben ein Gefühl für alles Schöne und für das Außergewöhnliche. Auch wenn manches für sie unerreichbar bleibt, hat die Vier doch das Bedürfnis nach Individualität. Vierer möchten anders - eben etwas Besonderes - sein, alle Routine ist ihnen unangenehm. Gewöhnlich versuchen Vierer allzu Gewöhnliches zu vermeiden. So legen Vierer zum Beispiel viel Wert auf ihr Erscheinungsbild. Sie versuchen aufzufallen und wollen, dass man ihre Extravaganz erkennt. Mit ihrem Stil und mit ihrer Kultiviertheit wollen sie zeigen, dass sie dem gegenwärtigen Trend immer etwas voraus sind und sich von der Masse abheben. Sie entwickeln sich permanent weiter, weil sie immer auf der Suche sind – auf der Suche nach dem Glück, das sie doch nicht einfangen können, denn je näher es kommt, um so mehr schwindet das Gefühl, das ihnen allein das Begehren vermitteln konnte.

Durch ihre Kreativität und die Fähigkeit „um die Ecke" zu denken, sind Vierer diejenigen der Verehrer, die für eine umworbene Person die verrücktesten Ideen entwickeln. Denn Vierer verlassen gern eingetretene Pfade und möchten etwas Neues ausprobieren. Schmerzliche Erfahrungen stacheln sie dabei nur noch mehr an. Allerdings erscheint das Neue oft nur dann attraktiv, solange es noch sehr weit weg ist. Je näher Vierer dem Erfolg kommen, um so banaler erscheint ihnen jetzt das Ganze.

Vierer neigen häufig zur Depression und verfallen leicht in Melancholie. Sie sehen oft auf das Unerreichbare und haben dann das Gefühl, dass ihnen im Hier und Heute etwas fehlt. Wenn in dieser Situation zwei Vierer aufeinander treffen, kommt es ziemlich wahrscheinlich zum gemeinsamen Jammern.

Die Schwäche der Vierer ist ihr Neid. Der Neid auf das, was andere besitzen und diese noch außergewöhnlicher macht. Mit einer Konzentration auf die Gegenwart ist diese Schwäche aber zu überwinden. Vierer sollten sich klar machen, dass sie nicht immer nur herausragend anders sein müssen.

Vierer haben eine interessante Art, Probleme zu bewältigen. Viele Vierer verarbeiten Probleme, indem sie sich künstlerisch damit auseinandersetzen. Manche malen zum Beispiel ein Bild und verarbeiten darin ihre Stimmung. Ein Betrachter kann zwar oft nicht erkennen, worum es geht, er erahnt aber meist die düstere Stimmung, die von dem Bild ausgeht. Andere Vierer setzen sich gern an ihr Musikinstrument und spielen Phantasiemelodien, schreiben Gedichte oder Kurzgeschichten.

Auch bei der Arbeit spielen für Vierer Gefühle eine zentrale Rolle. Wenn Vierer etwas präsentieren, und sei es auch noch so banal, dann geht es keinesfalls nur die nüchternen Fakten. Vierer präsentieren Gefühle und inszenieren eine Vorstellung. Sie fallen durch die Art ihres Auftrittes auf und fesseln das Publikum. Allerdings reagieren Vierer auf Kritik empfindlich. Sie fühlen sich dann oft missverstanden und glauben, dass der andere sie als Person ablehnt. Wenn Dreier durch ihre Leistung Aufmerksamkeit erreichen wollen, so wollen Vierer durch Außergewöhnlichkeit begeistern.

Vierer arbeiten gern im Team, wenn sie dort einen ihren Fähigkeiten entsprechenden Platz bekommen. Am besten übernehmen sie die kreativen und ästhetischen Aspekte eines Projektes.

Vierer in der Führung werden wegen ihrer häufigen Stimmungsschwankungen von ihren Mitarbeitern unter Umständen als inkonsequent bezeichnet.

Besonders geeignet für Vierer sind kreative Berufe, bei denen es auf originelle Gestaltung und künstlerischen Ausdruck ankommt. Zum Beispiel Werbeagenturen, Produktdesigner oder Dekorateure. Da Vierer gut zuhören können, sind sie oft in therapeutischen Bereichen tätig. Unter anderem sind Vierer auch sehr gute Psychologen.

Als weniger geeignet erweisen sich Berufe mit unpersönlichen Strukturen oder starren vorgeschriebenen Abläufen. Zum Beispiel Verwaltungsbereiche oder Behörden.

Was Vierer bei sich entwickeln sollten

Akzeptieren Sie das Normale und suchen Sie darin das Besondere. Freuen Sie sich über das, was Sie erreicht haben.

Wenn Sie in düsterer Stimmung sind oder wenn Sie über den Sinn des Lebens grübeln, versuchen Sie Ihre Aufmerksamkeit wieder nach außen zu richten und nicht in sich selbst zu versinken. Sprechen Sie zum Beispiel mit einem Freund, rufen Sie jemanden an oder gehen Sie einfach unter Menschen.

Halten Sie sich von negativen Menschen fern. Auch wenn Sie solche Gefühle geradezu magisch anziehen – passen Sie auf, dass negativ eingestellte Menschen Sie nicht mit in ein Stimmungstief ziehen.

Akzeptieren Sie Kritik. Machen Sie sich bewusst, dass ein Einwand zu Ihren Vorschlägen nicht die Ablehnung Ihrer Person bedeutet. Notfalls hinterfragen Sie, was Ihr Gesprächspartner genau meint.

Vergessen Sie nicht, dass Vierer auf Kritik sehr empfindlich reagieren. Wenn Ihnen eine Idee oder ein Auftritt nicht so sehr gefällt, würdigen Sie zunächst ihre Kreativität und ihre Gefühlstiefe. Bringen Sie danach Ihre Kritik so an, dass der Vierer spürt, Sie wollen ihm helfen, noch außergewöhnlicher zu sein.

Wenn Vierer gerade ihre melancholische Phase haben, versuchen Sie nicht, sie mit aller Macht aufzuheitern (es sei denn, Sie werden ausdrücklich darum gebeten). Besser ist es, der Vier ihre Freiräume zu lassen und sie einige Momente lang ihren Gedanken zu überlassen.

Ermuntern Sie Vierer, ihre Gefühle offen auszudrücken und sich an der Gegenwart zu freuen. Vielleicht sprechen Sie die Vier direkt an und fragen, was sie an genau dieser Situation Positives sieht. Notfalls suchen Sie gemeinsam nach einigen Besonderheiten.

Wenn Sie eine Vier zu etwas bewegen wollen, appellieren Sie an ihren guten Geschmack und zeigen Sie ihr, dass es um etwas ganz Besonderes geht.

Fünfer sehen sich selbst als diejenigen, die Durchblick haben und auch behalten wollen. Sie interessieren sich dabei weniger für Klatsch und Tratsch, denn das sind Vermutungen. Fünfer wollen es genau wissen. Etwas nicht zu wissen, bedeutet für Fünfer eine unangenehme Situation, die es schnellstens zu beseitigen gilt. Sie sind nicht neugierig – sie wollen nur alles wissen Dieser Satz hat für Fünfer zentrale Bedeutung.

Daher stellen Fünfer Fragen. Viele Fragen. Sie sind wahre Meister der Fragetechniken. Keine oberflächlichen Fragen, sondern direkt und auf den Punkt gebracht. Nicht-Fünfer empfinden diese Fragen dann oft als indiskret oder gar unverschämt. Fünfer sind sich dessen aber nicht bewusst.

Ein bekannter Trainer erzählte uns dazu folgende Geschichte: Er wohnt in einem sehr kleinen Ort, wo jeder jeden kennt. Und so hatte sich herumgesprochen, dass seine Frau ein paar Tage dienstlich verreisen werde. Der Trainer brachte seine Frau zum Flughafen und holte anschließend eine Trainerkollegin vom Bahnhof ab. Beide wollten am nächsten Tag in einer großen Elektronikfirma ein Seminar durchführen. Sie fuhren zum Haus des Trainers, um im Büro noch einiges vorzubereiten. Als sie am Nachbargrundstück vorbeifuhren, sah der Nachbar (eine typische Fünf) also die andere Frau im Auto sitzen. Sofort suchte er sich einen anderen Platz am Gartenzaun, um besser beobachten zu können. Besonders interessant wurde die Geschichte, als der Trainer seine Kollegin nach getaner Arbeit in ihr Hotel bringen wollte. Inzwischen hatte der Nachbar nämlich seine Frau als Verstärkung geholt. Wie zwei Synchronschwimmer, verbunden durch unsichtbare Fäden, neigten sich beide zur Seite und gingen sogar in die Hocke, um die unbekannte Person im

Auto besser sehen zu können. „Unverschämt" wird hier mancher von Ihnen sagen. Aber es kommt noch besser. Als der Trainer vom Hotel zurück nach Hause kam, stand der Nachbar schon am Gartenzaun und winkte. Als der Trainer anhielt und ausstieg, fragte ihn der Nachbar direkt und ohne zu zögern: „Sagen Sie mal, wer war denn die fremde Frau? Und weiß Ihre Frau davon?" Wie gesagt, Fünfer sind nicht neugierig, sie wollen nur alles wissen. Nach einer erklärenden Antwort des Trainers war der Fünfer zufrieden.

Eine Fünf legt Wert auf ihre Privatsphäre. Sie mag keine Aufdringlichkeit und kein Übermaß an emotionaler Nähe. In der Einschätzung von Zweiern und Vierern, die diese Nähe brauchen, erscheint die Fünf dann oft als arrogant oder überheblich. Obwohl eine Fünf – wenn sie will – ein hervorragender Gastgeber sein kann, lässt sie doch andere kaum an ihrem Privatleben teilhaben. Die Fünfer stöbern gern in Buchläden und Bibliotheken. Sie interessieren sich für seltene und außergewöhnliche Dinge und studieren diese gern in Ruhe und allein. Daher ist ein Wohnmobil für sie das ideale Reisemittel. Einserseits kommt man überall hin, andererseits hat man einen Schutz um sich herum.

Von den lebenslustigen und abenteuerhungrigen Siebenern werden die Fünfer daher auch gern als weltfremd bezeichnet. Dreier schätzen an Fünfern deren schnelle Auffassungsgabe und ihren unerschöpflichen Wissensvorrat, halten sie aber manchmal für zu unpraktisch und detailverliebt.

Bei plötzlicher Konfrontation mit einem Problem, zum Beispiel unzureichendes Wissen zu einem Thema, sucht die Fünf ein für sie sicheres Territorium. Dieses Verhalten wird als Rückzug und Segmentierung bezeichnet. Das führt manchmal sogar zu einer regelrechten Abschottung von der Gesellschaft

Der eigentliche wunde Punkt der Fünfer aber ist der Geiz. Das bezieht sich nicht nur auf materielle Dinge, sondern auch auf ihr Wissen und auf ihre Informationen. Die Fünf tut sich sehr schwer, von beidem etwas abzugeben.

An dieser Stelle eine persönliche Anmerkung: Liebe Fünfer, wir wissen, dass einige von Ihnen das jetzt anders sehen. Wir erinnern aber an unsere Hinweise in der Einleitung. Manchmal sehen wir unsere Schwächen selbst nicht, aber ein rechtzeitiges Erkennen möglicher Schwächen hilft uns, mit diesen umzugehen.

Fünfer selbst halten sich dabei nicht für geizig. Sie führen oft ein geordnetes, manchmal auch zurückgezogenes Leben und verlangen mitunter nur wenig persönliche Zuwendung. Die Verbindung zur Umwelt erfolgt eher über die Verstandes- als über die Gefühlsebene.

Fünfer arbeiten gern allein und lieben intellektuell anspruchsvolle Arbeit. Ihr Grundsatz lautet: „Wissen ist Macht“ Sie interessieren sich für alle Details und Hintergründe. Dafür arbeiten sie auch gern außerhalb der eigentlichen Arbeitszeit, weil sie da ihre Ruhe haben. Bis spät nachts im Computerlabor zu sitzen, Neues zu finden und bisherige Erkenntnisse weiter auszubauen ist für Fünfer oft angenehmer als an irgendwelchen gesellschaftlichen Pflichtereignissen oder organisierten Fröhlichkeiten teilzunehmen. Daher ist es nicht verwunderlich, dass manche Mitarbeiter den Eindruck haben, dass Fünfer mitunter etwas egozentrisch sind.

Eine Fünf lässt sich gern durch Wissen beeindrucken. Sie liebt anregende und interessante Gespräche. Allerdings hinterfragt sie dabei genau die Hintergründe: „Wer hat das gesagt?", „Wo steht das geschrieben?", „Wie lief die Untersuchung genau?", das sind nur einige Fragen, um das Wissen als Wissen und nicht als Vermutung zu akzeptieren.

Von den eigenen Erkenntnissen Genaueres preiszugeben, damit tut sich eine Fünf dagegen eher schwer. Während eines unserer Seminare in einem Pharmakonzern erlebten wir ein Gespräch zwischen zwei Forschungslaborleitern, das bezeichnend für die Unterhaltung von zwei Fünfern war:

- „Na, Herr Kollege, was machen denn Ihre Untersuchungsergebnisse?"
- „Einige Messwerte fallen so stark aus der Reihe, wir können noch gar nichts sagen. - - Und Ihre Forschungsergebnisse?"
- „Die Ergebnisse schwanken derzeit so stark, wir haben keinerlei statistische Absicherung!"

Kurz, knapp und bündig verlief dieses Gespräch. Interessant war nur, dass beide Wissenschaftler kurz vor der Veröffentlichung ihrer jeweiligen Ergebnisse standen und auch schon die Abschlussberichte geschrieben hatten.

Fünfer als Führungskräfte kontrollieren einerseits gern aus der Distanz, andererseits möchten sie über alles, was in ihrem Bereich geschieht, informiert sein. Daher häufen sich auf den Schreibtischen der Fünfer Führungskräfte Stapel von Unterlagen. Zwar ist der Fünfer in der Lage zu delegieren, aber nach dem Motto: „Keine Arbeit und keine Information verlässt meinen Bereich, bevor ich nicht gegengezeichnet habe!" kommen Vorgänge immer wieder auf seinen Tisch zurück. Bei permanenter Überlastung kommt es dann zwangsweise zu Terminkonflikten, weil das Bedürfnis nach Kontrolle beim Fünfer-Chef mit der Einhaltung von vorgegebenen Terminen im Widerspruch steht.

Weitere Reibungspunkte können bei der Information der Mitarbeiter entstehen. Fünfer sind der Meinung, dass jeder Mitarbeiter nur das erfahren muss, was zur Erfüllung seines Auftrags unumgänglich ist. Oft kann der Fünfer-Chef aber nicht einschätzen, welche Informationen für welchen Mitarbeiter notwendig sind. Missverständnisse oder falsche Aufgabenerfüllung durch zu wenig Informationen sind dann leicht möglich.

Auch dazu ein Beispiel: Der Außendienstleiter (mit sehr stark ausgeprägten Fünfer-Eigenschaften) eines größeren Unternehmens übermittelte seinen Mitarbeitern neue Gesprächsrichtlinien für Kundenbesuche. Ab sofort durften die bisher verwendeten Warenmuster nicht mehr eingesetzt werden. Stattdessen sollten neue, für Kunden und Mitarbeiter ungewohnte Verkaufshilfen genutzt werden. Die Mitarbeiter (überwiegend Dreier) wollten wissen warum, um vor Ort besser argumentieren und notfalls auch Kundenanfragen beantworten zu können. Der Verkaufsleiter war aber der Meinung, dass die Außendienstler diese Informationen nicht benötigen und verwies auf die Entscheidung der Geschäftsleitung. Mit dem frustrierenden Gefühl, eine ziemlich sinnlose Entscheidung einer praxisfremden Geschäftsleitung umsetzen zu müssen, fuhren die Mitarbeiter zu Ihren Kunden. Natürlich gab es viele Fragen bei den bekannten Kunden, und ein Dreier-Mitarbeiter rief daraufhin bei der Geschäftsleitung an. Erst jetzt erfuhr er, dass ein Mitbewerber eine einstweilige Verfügung beantragt hatte. Das verbot den weiteren Einsatz der bisherigen Muster. Und er hörte außerdem die Frage:

„Hat Ihnen das denn Ihr Außendienstleiter nicht mitgeteilt?". Neben dem ganzen Ärger war jetzt zusätzlich noch das Verhältnis zwischen Außendienstleiter und Mitarbeiter weiter belastet, weil der Dreier dem Fünfer unterstellte, ihm bewusst Informationen vorenthalten zu haben.

Sonst sind Fünfer-Chefs sehr gute Beobachter und lieben es, Situationen genau zu analysieren. Sie arbeiten sehr gern mit Statistiken aller Art und fordern Verkaufs- und Besuchsberichte pünktlich ab. Sie lieben es, Zahlen und Diagramme mit blumigen Worten zu präsentieren, Schlussfolgerungen zu ziehen und Querverbindungen herzustellen. Sollten sich dabei einige Zuschauer langweilen, merken das die Fünfer oft nicht mal.

Besonders geeignete Berufe für Fünfer sind in der Forschung- und Entwicklung zu finden. Auch alle anderen Tätigkeiten, in denen es um ständige Analysen und Vergleiche geht, in denen wissenschaftlich oder systematisch gearbeitet wird oder bei denen viele neue Erkenntnisse gewonnen werden können, werden von Fünfern als angenehm betrachtet.

Als weniger geeignet erweisen sich Berufe mit zu engen persönlichen oder emotionalen Kontakten zum Beispiel in der Kundenbetreuung oder im Servicecenter.

Was Fünfer bei sich entwickeln sollten

Gehen Sie von sich aus auf andere zu. Warten Sie nicht, bis andere Sie ansprechen, ergreifen Sie selbst die Initiative.

Nehmen Sie sich Zeit für andere Menschen aus Ihrem Umfeld. Interessieren Sie sich für deren Probleme und Gedanken, ohne diese gleich wissenschaftlich zu analysieren.

Lernen Sie, andere Meinungen zu akzeptieren, auch wenn Sie einen anderen Standpunkt haben und diesen auch weiter vertreten. Denken Sie daran: Es gibt verschiedene Wahrheiten. Loben Sie auch mal Ihre Mitmenschen.

Bringen Sie sich in Ihr Team ein. Die anderen bewundern Sie für Ihr Wissen, lassen Sie sie daran teilhaben.

Setzen Sie Ihre Gedanken in Taten um. Suchen Sie sich dafür auch Verbündete und Unterstützer.

Lernen Sie, auf Ihre Gefühle zu achten. Versuchen Sie Gefühle zu erleben und nicht zu verdrängen. Sie dürfen Ihre Gefühle durchaus auch gegenüber anderen Menschen zeigen.

Sie sind ein „Kopfarbeiter" - was tun Sie für Ihren körperlichen Ausgleich? Es muss nicht gleich das viel zitierte Fitness-Studio sein, aber täglich etwas körperliche Belastung trägt zum Ausgleich bei.

Belohnen Sie sich selbst für ein erreichtes Ziel. Machen Sie sich Erfolge bewusst.

Hinweise zum Umgang mit Fünfern

Respektieren Sie den Wunsch der Fünfer nach dem Alleinsein, insbesondere, wenn sie an einem für sie interessanten Projekt arbeiten. Platzen Sie nicht mit Neuigkeiten in eine Denk- und Arbeitsphase der Fünfer. Vereinbaren Sie notfalls „Sprechzeiten", zu denen Sie sich mit ihnen austauschen können.

Wenn Sie Fünfer (außer auf ihrem Fachgebiet) von etwas Neuem begeistern wollen, hilft es nicht, sie unter Druck zu setzen. Geben Sie ihnen genug Zeit, sich an neue Gedanken gewöhnen zu können. Erwarten Sie keine vorschnellen Emotionen oder gar spontane Begeisterung von einem Fünfer.

Respektieren Sie, wenn sich Fünfer ab und zu zurückziehen, insbesondere nach Gesprächen über Neuigkeiten oder Veränderungen. Das bedeutet kein Desinteresse an der Sache oder an Ihrer Person. Aber Fünfer brauchen einige Zeit, um fremde Ideen zu verarbeiten.

Wenn Sie von einem Fünfer Hilfe benötigen, sollten Sie sich klar und geradeheraus äußern. Gefühlsmäßige Andeutungen oder versteckte Aufforderungen verstehen Fünfer oft nicht, also seien Sie besser direkt, aber unaufdringlich und ohne die Hilfe „einzufordern". Geben Sie den Fünfern zu erkennen, dass Sie deren Rat schätzen und ihr Wissen würdigen.

Bei Auseinandersetzungen mit Fünfern versuchen Sie objektiv zu bleiben. Fünfern gelingt es, in solchen Fällen ihre Emotionen „abzuschalten". Eigene Gefühlsausbrüche bringen Sie daher nicht weiter. Erklären Sie Ihre Gegenargumente sachlich und wenn möglich logisch nachvollziehbar.

Fünfer tun sich schwer damit, ihre Gefühle auszudrücken. Werden Sie aufmerksam, wenn ein Fünfer Dinge tut, die er sonst nicht tut. Zum Beispiel im Haushalt helfen oder der Vorschlag in der Freizeit etwas Gemeinsames zu unternehmen. Das ist die Art der Fünfer, Gefühle auszudrücken. Achten Sie darauf und kommen Sie dem Fünfer dabei entgegen. Zeigen Sie Ihre Freude über seine Vorschläge oder Taten.

Wenn Sie einen Fünfer zu etwas bewegen wollen, sprechen Sie ihn direkt an, bewundern Sie sein Wissen und fragen Sie, ob er etwas für Sie tun kann oder Sie unterstützen würde. Sie können dem Fünfer gegebenenfalls auch anbieten, ihn zum Beispiel mit Informationen zu versorgen.

Sechser sind zuverlässige und fleißige Mitarbeiter. Einerseits sehr vorsichtig, können Sie Autoritäten aber durchaus kritisch gegenüberstehen, dennoch sie sind froh, dass diese Autorität ihnen Entscheidungen abnimmt.

Sechser sehen sich selbst als Menschen, die ihre Pflicht tun. Sie sind bestrebt, Fehlverhalten zu vermeiden. Deshalb versuchen Sechser bei auftretenden Schwierigkeiten, das Problem zu projizieren. So wird eine Sechs, wenn sie zu spät kommt, kaum sagen: „Entschuldigung, ich bin zu spät gekommen!" – das wäre ja Fehlverhalten! Eher wird sie sagen: „Entschuldigung, der Bus hatte Verspätung!". Jetzt liegt das Fehlverhalten nicht mehr bei der Sechs, sondern beim Bus oder beim Busfahrer oder beim Verkehr oder beim Wetter - Hauptsache nicht bei ihr selbst. Und damit wäre eine der wichtigsten Fragen für die Sechs geklärt – die Schuldfrage.

Sechser hinterfragen alle Behauptungen sehr deutlich, das kann manchmal unangenehm werden. Sie lassen sich nicht durch euphorische Werbung blenden und schauen hinter die Kulissen. Daher ist es auch schwierig, einem Sechser etwas zu verkaufen und ihn für etwas Neues zu begeistern. Vielleicht mit einer Ausnahme: Versicherungen.

Die Schwäche der Sechs ist die Angst. Angst vor Veränderungen und neuen Wegen, und auch Angst vor Fehlverhalten, Irrtümern und Kritik. Um mit diesen Ängsten fertig zu werden, sucht die Sechs Halt und Unterstützung bei Autoritäten oder Institutionen. Wird es für eine Sechs einmal notwendig, eine Entscheidung zu treffen, wird sie das Problem von allen Seiten beleuchten und die Entscheidung so lange wie möglich herauszögern. Immer in der Hoffnung, diese Entscheidung möglicherweise von einer Autoritätsperson treffen zu lassen. Was, wenn diese Person nicht erreichbar ist? Dann setzt sich die Sechs einen letzten Termin für ihre Entscheidung – und danach noch einen allerletzten Termin. Sollte noch immer kein anderer Entscheider da sein, reagiert die Sechs unter Umständen nach der Devise „Augen zu und durch" und wird dann sogar waghalsig.

In Krisensituationen ist die Sechs jedoch in der Lage, über sich selbst hinauszuwachsen und kann dann wahre Heldentaten vollbringen.

Sechser bei der Arbeit sind sehr vorsichtig. Sie wollen sich rückversichern, bevor sie eigene Entscheidungen treffen. Ein Gesprächstermin beim Vorgesetzten oder wenigstens ein Telefonat ermöglichen es der Sechs, Ideen und Ausarbeitungen vorzustellen und sich eine Bestätigung zur Umsetzung geben zu lassen.

Öffentliche Auftritte fallen Sechsen nicht leicht, sie sind die typischen Lampenfieberkandidaten. Bei Präsentationen werden sie mitunter von Zweifeln am eigenen Produkt und an eigenen Fähigkeiten befallen. Ein Beispiel dazu: Ein Unternehmen, das Software entwickelt, stand kurz vor der ersten öffentlichen Präsentation zum Verkauf seiner Produkte. Wir wurden vom Geschäftsführer dieser Firma gebeten, mit den Mitarbeitern optimale Präsentationstechniken sowie kundenspezifische Verkaufsargumente zu trainieren. Den Mitarbeitern mit hohen Dreier-Anteilen war es wichtig, ihren Auftritt möglichst rundum erfolgsorientiert zu gestalten. Sie machten sich Gedanken über die optimal wirksame Kleidung, mitreißende Rhetorik und publikumswirksamen Einsatz von Körpersprache. Ein Mitarbeiter mit hohen Vierer-Anteilen schlug sogar vor, lichttechnische Effekte und Musik zur Präsentation einzusetzen und eine richtige Show zu veranstalten, die beim Publikum möglichst lange in Erinnerung bleiben würde. Die Hauptsorgen der beiden Sechser waren dagegen, ob das

Produkt wirklich schon ausgereift sei, ob man vielleicht mit der Präsentation lieber noch warten sollte und ob man auf alle eventuellen Fragen aus dem Publikum auch eine Antwort wisse. Sie konzentrierten sich auf alle möglichen und auch auf die unwahrscheinlichsten Einwände. Erst als es gelang, diesen beiden Mitarbeitern mehr Vertrauen zu ihrem Produkt zu vermitteln, begannen sie sich mit der Präsentation zu befassen. Zunächst mit der Feststellung, dass sie so etwas noch nie gemacht hätten und dann natürlich mit der Überlegung, ob es wirklich richtig sei, sie dafür einzusetzen.

Wie verhalten sich Sechser als Führungskräfte? Sechser wollen nicht der Boss sein. Sie übernehmen zwar auch Personalverantwortung, aber nur, wenn es einen höheren Vorgesetzten gibt, mit dem sie bei Bedarf Rücksprache halten können.

Einmal wollte ein Unternehmen ein Enneagramm-Seminar buchen, weil die Arbeitsatmosphäre sich in letzter Zeit mehr und mehr verschlechterte und die Mitarbeiter die Firma verließen. Bei näherer Betrachtung stellte sich der Grund heraus: Der Leiter der Einkaufsabteilung war in den Ruhestand gegangen und man hatte einen Nachfolger gefunden. Er war einer der besten Mitarbeiter, der durch Zuverlässigkeit, exaktes und kritische Hinterfragen von Zusammenhängen und gute Ideen aufgefallen war. Und als man ihm die Nachfolge antrug, übernahm er nach anfänglichem Zögern die neue Aufgabe. Dieser neue Abteilungsleiter (wie sich später herausstellte ein Mensch mit sehr starken Sechser-Anteilen) nahm seine neue Aufgabe sehr ernst und merkte bald, wie viele Entscheidungen er jetzt selbständig treffen musste. Da er seinen Job zuverlässig machen und Fehler vermeiden wollte, stellte er sich bei seinen Entscheidungen immer vor, was alles schief gehen könnte und wo mögliche Gefahren auftreten könnten. Er stellte dann eigene Entscheidungen in Zweifel oder änderte sie wieder und wieder. Aus seiner Sicht war das vorsichtig, aber von seinen

Mitarbeitern wurde das als Unsicherheit und Führungsschwäche angesehen. Dass der ehemalige Mitarbeiter jetzt als Chef im Interesse des Unternehmens auch Entscheidungen treffen musste, die nicht von allen Mitarbeitern verstanden wurden, machte es beiden Seiten nicht leichter. Die Unzufriedenheit wuchs. Als dann zwei gute Mitarbeiter das Unternehmen verließen, weil sie mit dem Klima und dem Führungsstil unzufrieden waren, nahm der Abteilungsleiter das sehr schwer und seine Selbstzweifel stiegen. Er wollte aufgeben und das Unternehmen ebenfalls verlassen. Die vermeintlich richtige Entscheidung, den besten Mitarbeiter zum neuen Chef zu machen, brachte also unter dem Strich keine so gute Bilanz für das Unternehmen: Zwei gute Mitarbeiter verlassen die Abteilung, es herrscht eine allgemeine Unzufriedenheit, die Effektivität sinkt, und der Abteilungsleiter will ebenfalls gehen. Nach dem Seminar erkannten alle Beteiligten, dass es nicht immer sinnvoll ist, einen sehr guten Mitarbeiter zum Chef zu befördern. Man fand einen neuen Abteilungsleiter, und der Sechser bekam seinen alten Arbeitsplatz zurück.

Besonders geeignet für Sechser sind Berufe, in denen es eindeutige Regelungen und Vorschriften gibt oder Berufe, in denen Ehrlichkeit und kritische Fragen geschätzt werden. Zum Beispiel im Rechnungswesen, in der Verwaltung oder in Prüf- und Überwachungsbereichen. Sechser sind die guten Teamarbeiter.

Als weniger geeignet erweisen sich Berufe, in denen es keine klaren Arbeitsanweisungen gibt oder in denen sich die Regeln ständig ändern. Reiseleiter, Animateur oder Verkäufer von Zeitschriften-Abos sind Berufe, in denen sich wohl die wenigsten Sechser wohlfühlen würden.

Gewinnen Sie Vertrauen in die eigene Entscheidungsfähigkeit. Fragen Sie sich nicht so oft, was die anderen denken könnten, sondern konzentrieren Sie sich auf Ihre Aufgabe.

Arbeiten Sie an Ihrer positiven Lebenseinstellung. Setzen Sie sich erreichbare Ziele und belohnen Sie sich dafür. Das stärkt Ihr Selbstwertgefühl. Denken Sie an bisher erreichte Erfolge und knüpfen Sie daran an, statt sich Ihre Chancen zu verbauen und immer nur das Schlimmste anzunehmen.

Für Sechser ganz besonders schwer ist das Ertragen von Ungewissheiten. Aber nicht alles ist vorhersehbar und nicht jeder Mensch plant alles bis ins Detail. Lernen Sie das zu akzeptieren. Nehmen Sie zum Beispiel nicht gleich das Schlimmste an, wenn ein Ihnen nahestehender Mensch nicht pünktlich ist. Manche Leute rufen wegen 20 Minuten Verspätung nicht extra an.

Lernen Sie, ein gesundes Verhältnis zwischen Zweifel und Optimismus zu finden. Richtig, Sie sollten Tatsachen nicht blind und ungeprüft übernehmen! Und es ist auch richtig, Bekanntes immer mal wieder in Frage zu stellen und von anderen Seiten zu beleuchten. Aber es wäre doch schade, wenn Sie ein vielversprechendes Projekt nur deshalb nicht beginnen, weil noch letzte Zweifel bestehen, die Ihnen plausibel erscheinen, aber nicht unbedingt richtig sind.

Ermutigen Sie Sechser, über ihre Probleme zu sprechen. Wichtig ist dabei, dass Sie gut zuhören. Versuchen Sie nicht, den Sechser mit Ihrer Strategie zu beruhigen. Bieten Sie besser Ihre Hilfe an, indem sie hinter seinen Entscheidungen stehen.

Treffen Sie klare Aussagen gegenüber Sechsern. Reden Sie über Details und sagen Sie genau was Sie wollen. Je genauer Ihre Aussagen sind, umso sicherer fühlt sich die Sechs.

Wenn Sechser sich zu einer Entscheidung durchgerungen haben, unterlassen Sie zweifelnde Fragen. Helfen Sie ihnen bei der Umsetzung und stärken Sie ihr Selbstvertrauen. Helfen Sie der Sechs eher an das Beste zu denken, das passieren kann, als an das Schlimmste.

Ändern Sie nicht willkürlich Regeln und mit Sechsern abgestimmte Pläne. Erklären Sie deutlich, warum Änderungen notwendig sind. Geben Sie Sechsern Zeit, sich mit neuen Situation auseinander zu setzen und signalisieren Sie, dass Sie für weitere Gespräche zur Verfügung stehen.

Machen Sie bei Streitfällen deutlich, dass Sie an einer konstruktiven Lösung interessiert sind. Unterstreichen Sie, dass es Ihnen um die Sache geht und nicht um Kritik an der Person.

Auch in einer Beziehung denken Sechser oft daran, dass etwas Schlimmes passieren kann oder dass der Partner sie verlassen könnte. Sagen Sie dem Sechser lieber einmal mehr, als einmal zu wenig, dass Sie ihn lieben.

Wen Sie Sechser zu etwas bewegen wollen, bieten Sie ihnen Sicherheit und Rückendeckung. Loben Sie ihre Zuverlässigkeit und erklären Sie, dass Sie notfalls die Verantwortung übernehmen.

Siebener sind Optimisten und grundsätzlich positiv eingestellt. Sie bezeichnen sich selbst als glücklich und konzentrieren sich auf das Positive. Negatives wird bei ihnen gleichsam ausgeblendet. Siebener sind von einer ansteckenden Heiterkeit und können andere mit ihrem Optimismus mitreißen. Das heißt nicht, dass Siebener nicht auch traurig sein können. Manchmal wechseln bei ihnen die Gefühle innerhalb kürzester Zeit. „Himmelhochjauchzendzutodebetrübt", das trifft oftmals auf Siebener zu. Das Besondere an den Siebenern ist aber, dass sie aus einem Tief selbst herausfinden.

Siebener wollen Schmerz vermeiden, sowohl körperlicher als auch seelischer Natur. Dazu gehört auch die Enttäuschung bei einer Niederlage oder der Trennungsschmerz am Ende einer Beziehung. Bei Siebenern besteht die Gefahr, dass sie erste Anzeichen für solche Situationen übersehen. Durch ihre positive Einstellung verdrängen sie diese Hinweise, denn sie wollen sie ja gar nicht sehen. Aber das ist Siebenern selbst nicht bewusst. Oft stehen sie dann plötzlich vor einer Enttäuschung und wissen nicht einmal, wie sie dorthin geraten sind.

Fragen Sie einen Siebener, wie es ihm geht, werden Sie fast immer eine positive Antwort bekommen. Denn eigentlich gibt es für den Siebener keine Probleme. Wenn sich doch einmal ein Problem ergeben sollte, dann schafft der Siebener sofort Alternativen und rationalisiert das Problem kurzerhand weg. Er ist in der glücklichen Lage, fast in jeder Situation noch das Positive zu sehen. Ein Trainerkollege berichtete uns von einer Situation, in der so mancher Mensch die Nerven verlieren oder richtig böse werden würde. Für eine Autobahnfahrt über 250 Kilometer hatte er geschlagene neun Stunden gebraucht. Stau und stopp-and-go-Verkehr hatten ihn nur im Schritttempo vorankommen lassen. Und was sagte dieser Trainer dazu? „Das Gute an der Situation war, dass die Polizei mich nicht blitzen konnte!" Ja, so sind die Siebener.

Siebener wollen von allem etwas mehr. „Mehr ist immer besser" ist ihr Motto. Und daraus resultiert gleichzeitig ihre Schwäche, die Maßlosigkeit. Siebener sind Genussmenschen. Sie können für den Augenblick leben, diesen Augenblick festhalten und dann lange davon zehren. Dafür bringen sie auch gern Opfer, wie das folgende Beispiel zeigt:

Ein Siebener fährt im Urlaub in den Süden. Allein - denn Siebener finden schnell Kontakt mit anderen Menschen. Eines Abends sitzt unsere Bekannte mit einem neuen Freund in einer kleinen Taverne am Meer. Es ist ein prächtiger Abend mit einem herrlichen Sonnenuntergang. Das Meer rauscht leise, die Wellen spielen am Strand. Leise Musik ist zu hören, und beide trinken einen vorzüglichen Rotwein. Die Sonne nähert sich dem Horizont, einige Möwen sind noch wach und trippeln am Strand auf und ab, und der Wein in der Flasche neigt sich dem Ende. Ein Abend zum Verlieben – und unsere Bekannte möchte genau diesen Augenblick genießen. Sie schlägt vor, eine weitere Flasche des vorzüglichen Weins zu bestellen. Ihr Partner aber antwortet: „Wenn wir diesen Wein morgen früh im Supermarkt kaufen, kostet sie nur die Hälfte." Die Drohungen und Verwünschungen unserer Seminarteilnehmerin an den Partner möchten wir hier vorsichtshalber nicht wiedergeben.

Die Sieben will keinen Wein morgen im Supermarkt kaufen. Sie will den Augenblick genießen. Da kommt es auch nicht auf das Geld an. Notfalls könnte man ja morgen auf das Frühstück verzichten. Schlimmstenfalls auch auf das Mittagessen – aber der Abend, der Augenblick, der Genuss, daran wird sich die Sieben noch lange erinnern.

Planung ist nicht gerade eine Stärke der Siebener. Sie sind eher spontan und wenn sie planen, dann höchstens flexibel. Sie sind auch jederzeit bereit, ihre Pläne zu verändern und aktuellen Situationen anzupassen. In einem Seminar erzählte uns eine Teilnehmerin (hoher Typ-1-Anteil), dass sie vor dem Urlaub regelmäßig Stress mit ihrem Mann (wahrscheinlich Typ 7) habe. Wenn sie den gemeinsamen Urlaub vorbereite, plane sie gern schon ausreichend vorher ein Programm für die einzelnen Tage. Museumsbesuche, Ausflüge vor Ort, Shopping und so weiter. Wenn sie diesen Plan ihrem Mann zeige und nach seiner Meinung frage, winke dieser nur ab und sage: „Lass uns das doch vor Ort entscheiden. Dann können wir zum Beispiel bei Regen ins Museum gehen und bei schönem Wetter machen wir Ausflüge. Erst mal sehen was vor Ort überhaupt geboten wird!". Sie hatte eigentlich ein Lob für ihre Planung erwartet und wurde jetzt wütend. Sie unterstellt ihrem Man dann immer Oberflächlichkeit und mangelndes Interesse. Ärgerlich fragt sie ihn: „Hast du denn wenigstens schon aufgeschrieben, welche Sachen du mitnimmst?". Daraufhin er: „Ich packe am Abend vor der Abfahrt, das hat doch auch noch Zeit!". Sie: „Und wenn dann was nicht gewaschen ist?" Er: „Dann nehme ich eben was anderes mit!" Und dann geht der Streit noch einige Zeit weiter.

Einser werden die Frau verstehen, Siebener den Mann. Und einige andere werden sich wundern, über was man sich alles streiten kann.

Siebener bei der Arbeit sind schnell von allem Neuem zu begeistern. Allerdings fällt es Siebenern schwer, sich auf nur ein Projekt zu konzentrieren. Sie arbeiten gern in netzwerkartigen Strukturen und sind immer auf der Suche nach neuen Herausforderungen. Wenn sie das Interesse an einer Aufgabe verloren haben, lässt auch ihre Effizienz nach. Sie suchen dann nach interessanteren Tätigkeiten. Es macht ihnen Spaß, neue Lösungen zu suchen, Gedanken zusammenzuführen und daraus neue Ergebnisse zu entwickeln. Oft haben Siebener mehr Freude in der Planungsphase als bei der Umsetzung.

Siebener in der Führung entwickeln gern große Pläne und Projekte und delegieren dann die einzelnen Aufgaben. Je deutlicher das Ende oder die Lösung erkennbar ist, desto mehr verlieren Sie das Interesse am gegenwärtigen Projekt und suchen neue Herausforderungen. Allerdings verstehen sie es, Mitarbeiter zu motivieren und sie sind in der Lage, andere von Projekten zu begeistern. Ihre Bereiche führen sie mit Humor und Lockerheit. Sie verstehen zu begeistern, Teams voranzutreiben und alle Mitarbeiter in Lösungsprozesse einzubeziehen. Ihre Schwäche ist aber auch dabei die Planung und alles Routinemäßige. Von außen betrachtet erscheinen diese Abteilungen dann manchmal als chaotisch, aber immer optimistisch.

Besonders geeignet für Siebener sind alle Berufe mit Abenteuer und Action. Auf alle Fälle suchen sie viel Abwechslung und den Kontakt mit Menschen. Mitarbeiter im Reisebüro, Reiseleiter oder Leiter einer Rafting-Schule mit angeschlossenem Klettergarten sind Beispiele dafür.

Weniger geeignet sind Berufe mit starren Regeln und langweiligen, monotonen, immer wiederkehrenden Tätigkeiten. Einen Siebener gewinnen Sie für Fließbandarbeit oder als Schalterangestellten höchstens für eine Woche – und auch das nur, wenn sein Gehaltskonto gerade absolut leer ist.

Was Siebener bei sich entwickeln sollten

Versuchen Sie Vorhaben zu Ende führen. Bleiben Sie bewusst an einer Aufgabe dran, bis zur endgültigen Realisierung, auch wenn es Ihnen zunächst schwer fallen wird. Machen Sie sich dabei klar, dass Ihr Team

Sie braucht und dass Sie die Verantwortung bis zum Abschluss tragen.

Lernen Sie, sich auf das Wesentliche konzentrieren. Ihre Gedanken und Ideen schwirren wie Bienen in alle Richtungen, um noch schönere Blüten zu finden. Vergessen Sie dabei nicht, dass Sie eine Aufgabe haben und sich ein wichtiger Teil davon im Bienenstock abspielt.

Sie sind glücklich, an vielen Projekten mitzuarbeiten, sie wollen nichts verpassen und erledigen vieles gleichzeitig. Versuchen Sie aber, Prioritäten zu setzen. Es muss nicht der perfekte und unabänderbare Plan sein, aber wenn Sie Aufgaben nur nach Freude und Spaß sortieren, besteht die Gefahr, dass Sie wichtige Termine verpassen. Auch wenn es schwerfällt, beachten Sie Wichtigkeit und Dringlichkeit Ihrer Projekte.

Machen Sie sich bewusst, dass Schmerz und Leid zum Leben gehören wie Glück und Freude. Versuchen Sie Veränderungen und Hinweise auf Gefahren zu erkennen und zu analysieren. Versuchen Sie diese nicht zu verdrängen oder auszublenden. Suchen Sie dabei auch das Gespräch mit Freunden oder Kollegen.

Hinweise zum Umgang mit Siebenern

Helfen Sie Siebenern zu lernen, an einer Sache konsequent dranzubleiben. Zeigen Sie, dass Sie den Optimismus und die Begeisterungsfähigkeit der Siebener schätzen, aber weisen Sie deutlich auf anstehende Termine hin. Machen Sie deutlich, dass Sie die Einhaltung dieser Termine fordern.

Siebener sind bestrebt, gute und innovative Arbeit zu leisten, hassen es aber, wenn man sie auf Fehler hinweist. Bringen Sie Kritik vorsichtig und konstruktiv an und achten Sie darauf, den Siebener nicht in die Defensive zu bringen.

Hören Sie zu, wenn Siebener verrückte Ideen und abenteuerliche Pläne entwickeln. Beteiligen Sie sich aktiv an den Gesprächen und tun Sie die Ideen – egal wie aberwitzig sie zunächst erscheinen – nicht als Spinnereien ab. Die Sieben meint es ernst! Allerdings werden sich im Verlauf des Prozesses viele Ideen „entschärfen".

Siebener treffen nur ungern verbindliche Vereinbarungen, sie planen lieber flexibel und nutzen auch sich plötzlich ergebende Alternativen. Sagen Sie Siebenern deutlich, wenn Sie exakte Verbindlichkeiten wünschen.

Unterbrechen Sie Siebener, wenn sie zu viel reden oder vom Thema abschweifen. Erinnern Sie an den Kern der Sache.

Wenn Sie Siebener zu etwas bewegen wollen, zeigen Sie sich begeistert von ihrem Optimismus. Stellen Sie Ihr Problem dar und zeigen Sie, wie viel Spaß Sie an einer gemeinsamen Lösung hätten.

Achter bestechen durch ihre Energie. Ihr Auftritt ist stark und vor allem laut. Sie scheuen keine Konfrontation und suchen die Auseinandersetzung. Dabei kann es durchaus deutlich tönend zugehen. Die Acht verschafft sich Respekt durch entschlossenes Auftreten. Wer beruflich oder privat mit der Acht verbunden ist, der kann auf seine volle Loyalität und Unterstützung rechnen. Er kämpft für sie wie ein Löwe. Dafür erntet er entsprechende Anerkennung. Ihre Aufmerksamkeit richtet sie auf die Sicherung und Kontrolle des eigenen Territoriums.

Auftretende Probleme leugnen Achter zunächst. Nach außen gibt es für Achter keine Probleme. Aber danach suchen Achter nach den Ursachen. Dabei gehen sie mit sich selbst genau so hart um, wie mit anderen Personen.

Achter haben ein ausgeprägtes Bewusstsein für Gerechtigkeit und großen Respekt vor Menschen, die sich dafür einsetzen. Eine Acht geht für die Seinen durchs Feuer und kann Anfeindungen bewundernswert aushalten. Beim Herstellen von Gerechtigkeit können Achter aber nur selten erkennen, wenn das Ziel erreicht ist. Manchmal verwechseln sie Gerechtigkeit mit Rache. Die Grenzen sind hier fließend. Achter treten manchmal so stark in den Kampf ein, dass sie selbst nicht merken, wie sie sich schaden.

Ein Seminarteilnehmer berichtete von einem „Knöllchen", das er unter dem Scheibenwischer seines Autos vorfand. 15 Euro sollte er wegen Parken im Parkverbot zahlen. Er hatte jedoch kein Verbotsschild gesehen und rannte - schon wütend - an den Beginn der Straße. Tatsächlich, hier stand ein Verbotsschild, völlig von Büschen eingewachsen. So nicht, dachte er, schimpfte, dass die Kommune eine Verkehrssicherungspflicht hätte, dass die Schilder offen sichtbar sein müssten und dass man das mit ihm nicht machen könne und so weiter. Folgerichtig legte er Widerspruch ein.

Wie fast immer wurde dem Widerspruch nicht stattgegeben und von der Bußgeldstelle erhielt er eine Zahlungsaufforderung von 25 Euro zuzüglich 8,70 Euro Bearbeitungsgebühr. Das brachte unseren Teilnehmer noch mehr auf, er schrieb einen entsprechenden Brief und es kam zum Gerichtstermin. Der Richter analysierte die Situation, stellte fest, dass der Angeklagte tatsächlich im Parkverbot gestanden hatte, dass aber auch die Kommune Pflichten verletzt habe. Er stellte das Verfahren ein, jeder hatte seine Kosten selbst zu tragen.

Liebe Leserinnen und Leser, was glauben Sie was jetzt passierte? Der jetzt rehabilitierte Autofahrer fuhr nach Hause, rieb sich zufrieden die Hände und freute sich: „Es gibt doch eine Gerechtigkeit, ich muss die 15 Euro nicht bezahlen!". Als ihm seine Frau daraufhin vorrechnete: zwei Stunden Briefe geschrieben, Portokosten und ein halber Tag Verdienstausfall, da kommen bestimmt rund 200 Euro zusammen, es wäre besser gewesen, die 15 Euro zu bezahlen. Daraufhin klärte er sie auf: „Das wäre aber nicht gerecht gewesen!". Aber das werden wohl nur Achter so richtig verstehen.

Hinter ihrer Stärke verbirgt sich Verletzlichkeit. Die Acht hält ihre Verletzlichkeit für Schwäche. Und Schwächen glaubt eine Acht nicht zeigen zu dürfen, denn sie hat große Angst vor Enttäuschungen. Und wenn sie Schwäche zeigt, ist sie verletzlich und wird sicher enttäuscht. Diese Verletzlichkeit zeigt die Acht aber nur sehr wenigen Menschen und auch nur bei restlosem Vertrauen. In einer solchen Situation helfen Sie der Acht am besten, wenn Sie ihr zeigen, dass Sie hinter ihr stehen und sie unterstützen. Bekräftigen Sie auch, dass es Ihren Gefühlen keinen Abbruch tut, wenn sie einmal nicht Herr aller Schlachten ist.

Falls der Achter nicht ohnehin schon die Rolle des Anführers innehat, wird sie ihm oft angetragen. Achter sind lieber selbst Führungskräfte als dass sie sich führen lassen.

Achter bei der Arbeit sind energisch und bereit, schnelle Entscheidungen zu treffen und diese auch durchzusetzen. Als Führungskraft drängt die Acht darauf, über alles informiert zu werden. Und das nicht nur, um die Kontrolle zu behalten, sondern auch, um zu überprüfen, ob es in ihrem Bereich gerecht zugeht. Achter setzen sich für ihre Mitarbeiter ein und stellen sich bei Notwendigkeit auch schützend vor diese. Dafür verlangt die Acht absolute Zuverlässigkeit und Ehrlichkeit von den Mitarbeitern.

Bei Gesprächen in Unternehmen konnten wir mehrfach feststellen, dass Mitarbeiter von Achtern oft eher zu Gehaltserhöhungen, neuen Ausrüstungen oder sonstigen Vergünstigungen kommen, als Mitarbeiter anderer Abteilungen. Die Mitarbeiter bezeichneten ihren Chef als rau, aber herzlich und als undiplomatisch, aber gerecht. In Krisensituationen können sie ihrem Chef vertrauen.

Achter können motivieren, mobilisieren und kompromissloser auf ein Ziel zusteuern als andere Persönlichkeitstypen. Allerdings gehen sie dabei auch manchmal zu rücksichtslos vor. Berechtigte Einwände von Mitarbeitern oder Kollegen nehmen Achter selten ernst genug. Sie bezeichnen das oft zu schnell als Nörgelei, fehlenden Mut oder mangelndes Engagement des Mitarbeiters. In dieser Situation sollten Achter aufmerksamer und kompromissbereiter sein, denn hier verprellen sie unter Umständen Verbündete.

Besonders geeignet für Achter sind Berufe mit Konkurrenzdruck. Achter lieben klare Hierarchien und den eigenen Herrschaftsbereich. Vorstandsvorsitzender, Militärbefehlshaber, Chefarzt oder Trainer einer Sportmannschaft sind dafür Beispiele.

Als weniger geeignet erweisen sich Berufe, in denen Diplomatie gefordert ist, zum Beispiel als Botschafter oder als Mitarbeiter in Reklamationsabteilungen. Auch bei Tätigkeiten mit Machtteilung, wie stellvertretender Vorsitzender, haben Achter Schwierigkeiten.

Was Achter bei sich entwickeln sollten

Sie sollten lernen, Ihre eigenen Auffassungen zu hinterfragen und sich gegebenenfalls auch mal zurücknehmen. Hören Sie einfach zu, wenn andere sprechen und versuchen Sie, deren Meinung zu verstehen.

Nehmen Sie auf eigene und fremde Gefühle Rücksicht. Ihre Absicht, reinen Tisch zu machen ist gut, aber manchmal ist es wichtiger, mit den Betroffenen zunächst unter vier Augen zu sprechen.

Lassen Sie Belange ihrer Mitmenschen gelten und seien Sie bereit, notfalls Kompromisse zu schließen. Es ist keine Schwäche, wenn man im Interesse der Sache auch einmal einen Schritt zurückgeht.

Geben Sie hin und wieder auch ruhig zu, dass Sie im Unrecht sind. Das steigert die Achtung anderer Menschen vor Ihnen.

Wenn Sie mit einer neuen Situation konfrontiert werden, überlegen Sie, ob es wirklich ein Angriff gegen Ihre Person ist. Der Spruch „Abwarten und bis zehn zählen" ist hier absolut angebracht. Analysieren Sie zunächst die Situation, ziehen Sie eventuell auch die Meinung einer weiteren Person hinzu und handeln Sie erst danach.

Gehen Sie mit einem Achter immer direkt um. Sagen Sie, was Sie denken und lassen Sie ihn sagen, was er denkt. Versuchen Sie nicht, etwas „durch die Blume" zu sagen, das verstehen Achter nur selten. Aber sie wissen ein offenes, direktes Wort zu schätzen.

Achter glauben, keine Schwäche zeigen zu dürfen. Das sollten Sie berücksichtigen, wenn Sie Achter kritisieren. Ein ständiges Hinweisen auf seine Schwächen veranlasst den Achter keinesfalls, diese abzustellen. Eher wird er aus Trotz Ihnen gegenüber diese noch mehr verstärken.

Wenn ein Achter laut wird, können Sie natürlich lauter werden, aber der Achter wird noch lauter. Besser ist es, wenn Sie sich zunächst mit der Bemerkung „Ich komme später wieder!" zurückziehen, bis sein erster Zorn vorbei ist. Sprechen Sie ihn danach erneut und direkt an.

Ein Achter ist sich seiner Wirkung auf andere oft nicht bewusst. Seine manchmal langen, schulmeisterlich wirkenden Erklärungen sind nur gut gemeint. Achter wollen alles wissen und geben dieses Wissen gern an die weiter, die in irgendeiner Form zu ihnen gehören. Sagen Sie direkt, wenn er Sie dadurch verletzt oder langweilt. Denn er wird es selbst nicht merken.

Vermeiden Sie es, einen Achter zu hintergehen. Das würde er Ihnen nie verzeihen! Konfrontieren Sie ihn mit der Wahrheit, auch wenn diese unangenehm ist. Er wird dann möglicherweise seinem Ärger Luft machen und schreien, aber das vergeht schnell wieder, wenn Sie standhaft bleiben. Nur ein Hintergehen verzeiht er nie. Und da bei Achtern die Grenze zwischen Gerechtigkeit bewirken und Rache nehmen fließend ist, könnte ein Betrug an der Acht für den Verursacher unangenehme Folgen haben. Zumal sich die Acht dessen nicht bewusst ist und für ihre Rache auch gern persönlichen Nachteile in Kauf nimmt oder bereit ist, Gesetze zu brechen.

Wenn Sie eine Acht zu etwas bewegen wollen, sollten Sie direkt vorgehen. Loben Sie zunächst ihre Stärke, ihr Durchsetzungsvermögen oder ihren Kampf für Gerechtigkeit. Bitten Sie die Acht danach, Sie bei einer bestimmten Sache zu unterstützen. Die Acht wird sich jetzt mit Freude und Stolz für Ihr Problem einsetzen.

Neuner sind mit dem zufrieden, was sie haben. Sie schätzen Harmonie und Bequemlichkeit und wollen Konflikte vermeiden. Da sie sich in Auseinandersetzungen oft in beide Seiten hineinversetzen können, fällt es ihnen schwer, Partei zu ergreifen oder Entscheidungen zu treffen.

Eine Neun kann vermitteln und Frieden stiften. Aber sie steht nicht gern im Mittelpunkt. Obwohl sie sehr viel Anerkennung braucht, fällt es ihr schwer, über sich selbst zu sprechen. Oft ist es ihr wichtiger, dass Dinge in ihrem Interesse umgesetzt werden, als dass sie unbedingt als Urheber genannt wird.

Der Neuner zieht es vor, den Dingen ihren Lauf zu lassen, Probleme zunächst zu negieren oder auszusitzen, um mögliche, daraus resultierende Schwierigkeiten zu vermeiden. Aus Versäumnissen werden Unterlassungen, und eben daraus resultiert die Schwäche der Neun - die Bequemlichkeit. Warum soll sie sich anstrengen, wenn möglicherweise der Aufwand zum Erreichen eines Ziels in keinem vernünftigen Verhältnis zum Ergebnis steht? Neuner sind sich kaum bewusst, dass ihre Bequemlichkeit von anderen leicht als Faulheit angesehen wird. Sie selbst empfinden eher ein Gefühl der Langeweile. Und um dieser gefürchteten Langeweile zu entfliehen, suchen manche Neuner immer neue Herausforderungen oder Zerstreuungen.

Probleme versuchen sie zu betäuben. Nicht, dass sie zu Drogen oder Alkohol greifen würden, um ihrem Dilemma zu entkommen. Nein, Neuner stürzen sich in die Arbeit, in irgendeine Aufgabe, manche suchen dann das Vergessen bei extremen sportlichen Tätigkeiten, wie zum Beispiel Joggen oder Korrekturlesen bis zum Umfallen.

Neuner sehen auch bei der Arbeit das „große Ganze“ und erkennen, wie sich einzelne Bestandteile zusammenfügen. Durch ihre Fähigkeit, sich gut in andere hineinzuversetzen, verstehen sie leicht unterschiedliche Standpunkte und können gut Kompromisse schließen. Es ist daher sicherlich von Vorteil, Neuner in Planungen einzubeziehen. Bei der praktischen Umsetzung bekommen viele Neuner dann aber zeitliche Probleme. Termine werden nicht eingehalten und Aufgaben gerne verschoben oder gar nicht erledigt. Ganz frei nach dem Motto „Was du heute kannst besorgen, das verschieb' auf übermorgen“. Im Moment war eben etwas anderes wichtig. Prioritäten setzen ist einfach nicht die Stärke der Neun.

Neuner streben nur selten die Führungsrolle an. Während Achter kämpfen, bis sie Chef sind, sehen Neuner eher als Stellvertreter ihren Platz. Ein typisches Beispiel dafür erlebten wir in einem Unternehmen der Pharmaindustrie. Der Leiter des Bereichs Weiterbildung war in den Ruhestand gegangen. Wir verhandelten mit dem bisherigen Stellvertreter, der jetzt die Geschäfte des Bereichs führte. Auf unsere Frage, wann wir denn zur Beförderung gratulieren dürften, antwortete er nur: „Es kommt jemand von außerhalb, ich will gar nicht Chef werden, ich bin so ganz zufrieden!“ Achter und Dreier können diese Reaktion nur schwer verstehen. Sie vermuten vielleicht sogar, dass der Stellvertreter das aus Trotz sagt, weil ein anderer Chef wird. Dabei ist das eine für Neuner typische Verhaltensweise. Unser Gesprächspartner begründete uns gegenüber sein Verhalten damit, dass er in diesem Bereich schon drei Chefs erlebt habe und auch einen vierten verkraften würde. Durch seine lange Betriebszugehörigkeit sei sein Gehalt ausreichend und er müsse sich nicht den Stress der Verantwortung antun. Außerdem müsse der Neue ihn sowieso fragen, wo es langgeht, so dass er seinen Einfluss im Verborgenen geltend machen werde. So sind Neuner!

Besonders geeignet für Neuner sind Berufe, in denen es auf vielfältige Beziehungen ankommt, aber wenig Entscheidungen getroffen werden müssen. Dazu gehören zum Beispiel Postangestellter, Beamter oder stellvertretender Personalchef. Auch bei der Planung von Projekten und strategischen Vorgehensweisen haben Neuner große Stärken.

Als weniger geeignet sind Berufe, in denen es laufend Veränderungen oder wenig soziale Kontakte gibt. Beispiele dafür sind Tätigkeiten in einer Entwicklungsabteilung, als Archivverwalter oder als Moderator in einem Radiosender.

Was Neuner bei sich entwickeln sollten

Versuchen Sie öfter selbst die Initiative zu ergreifen. Überraschen Sie Ihren Partner oder Ihre Kollegen mit dem Vorschlag, etwas Bestimmtes zu tun. Bereiten Sie zum Beispiel einen Ausflug oder eine kleine Feier vor.

Setzen Sie Prioritäten. Überlegen Sie, welche Aufgaben bis zu welchem Termin erledigt sein müssen. Notieren Sie sich das und arbeiten Sie dann mit Hilfe der Liste diese Termine zügig und planvoll ab. Wenn Sie sich selbst für die Einhaltung belohnen, fällt es Ihnen vermutlich gar nicht so schwer.

Treffen Sie Entscheidungen! Das gelingt meist sehr gut über eine Zwischenstufe: Beginnen Sie damit, zu sagen, was Sie nicht möchten – und im nächsten Schritt lernen Sie zu sagen, was Sie erwarten.

Hinweise zum Umgang mit Neunern

Berücksichtigen Sie, dass Neuner viel Zeit brauchen, Entscheidungen zu treffen – wenn überhaupt. Planen

Sie also ein größeres Zeitfenster ein, wenn Sie eine Aussage von einer Neun benötigen.

Druck führt zu Rebellion. Einer Bitte entsprechen Sie eher als einer Aufforderung. Also fragen Sie lieber, als dass Sie anordnen.

Eine Neun passt sich lieber den Wünschen anderer an, als dass sie eigene Absichten äußert. Zu viele und bohrende Fragen können hier leicht als Verhör aufgefasst werden. Stellen Sie also lieber offene oder auch indirekte Fragen, wenn Sie die Neun ermuntern möchten an ihre eigenen Bedürfnisse zu denken und diese mitzuteilen.

Neuner lieben klare Regeln und Abläufe. Weniger angenehm sind ihnen Veränderungen. Sind diese unvermeidlich, sprechen Sie mit der Neun lange genug vorher darüber. Akzeptieren Sie, dass die Neun Schwierigkeiten hat, sich auf neue Situationen einzustellen. Überlegen Sie sich vor dem Gespräch mögliche Hilfen und bieten Sie Ihre Unterstützung konkret an.

Mit Lob und Anerkennung können Sie Neuner für Ihre Ideen gewinnen. Zeigen Sie, dass Ihr Vorhaben nicht mit den Plänen der Neun kollidiert, sondern dadurch möglicherweise sogar neue Konflikte vermieden werden können.

Bauch, Herz und Kopf - Die Triaden

Als Triaden werden im Enneagrammkreis drei nebeneinander liegende Typen bezeichnet. Ihnen sind bestimmte Eigenschaften und Verhaltensweisen gemeinsam. Es gibt Bauchtypen (Typ 8, 9, 1), Herztypen (Typ 2, 3, 4) und Kopftypen (Typ 5, 6, 7).

Bauchtypen

entscheiden sehr schnell. Auch sehr komplexe Situationen können sie mit ihren Sinnen schnell wahrnehmen und eine für sie günstige Entscheidung treffen. Die Situation wird dabei nicht komplett analysiert, sondern nur auf konkrete Gefahren hin überprüft. Dann erfolgt eine Entscheidung „aus dem Bauch heraus". Dadurch sind Bauchtypen anderen bei der Geschwindigkeit ihrer Entscheidungen oft überlegen, nicht aber bei der Gründlichkeit der Entscheidung. Ähnlich unseren Vorfahren, die noch mit der Keule durch den Urwald rannten, entscheiden Bauchtypen zuerst nur die überlebensnotwendigen Reaktionen: Gefahr oder keine Gefahr und danach Angriff oder Flucht. Die vermeintlich nebensächlichen Dinge werden ausgeblendet und erst später bewertet.

Bauchtypen neigen dazu, ihre Entscheidungen nach Schwarz-Weiß-Mustern zu treffen: gerecht oder ungerecht, zufrieden oder unzufrieden, perfekt oder nicht perfekt. Es fällt ihnen schwer, Zwischenstufen zu akzeptieren.

Herztypen

lassen sich oft von Gefühlen leiten. Soziale Beziehungen, das Verhältnis zu anderen Menschen ist ihnen wichtig, und ebenso das, was andere über sie denken. Diese Beziehungen finden zwar auch Bauch- und Kopftypen bedeutungsvoll, aber Herztypen erleben sie am intensivsten. Was fühle ich oder was denken die anderen über mich, so lauten die Fragen, die in gewisser Weise das Verhalten dieser Typen steuern. Dabei ist es oft so, dass Zweier die Emotionen, die andere ausstrahlen, aufnehmen und darauf eingehen. Dreier versuchen, ihre Gefühle der jeweiligen Situation anzupassen um einen optimalen Auftritt zu haben. Die Vier richtet ihre Gefühle vorwiegend nach innen und kann dann in sich selbst versinken.

denken nach und wägen mögliche Verhaltensweisen gründlich gegeneinander ab. Sie sind bei der Geschwindigkeit von Entscheidungen den Bauchtypen unterlegen, dafür sind ihre Entscheidungen sorgfältiger durchdacht. Kopftypen lieben es, über Dinge nachzudenken und in ihrer Vorstellung Handlungsweisen durchzuspielen, statt praktische Erfahrungen nach der Versuch-und-Irrtum-Methode zu erlangen. Kopftypen lieben die Distanz. Fünfer gehen auf Distanz aus Angst vor den eigenen Gefühlen und um Fremdes nicht an sich heranzulassen. Sechser gehen auf Distanz und warten ab aus Angst vor Fehlverhalten. Siebener halten Distanz zu allem Negativen und wenden sich den erfreulichen Dingen des Lebens zu.

Jeder hat zwei Nachbarn und deren Eigenschaften Die Flügeltypen

Die Grundtypen des Enneagramms sind traditionsgemäß auf einem Kreis angeordnet. Jeder Typ hat also zwei Nachbartypen. Für Typ Eins sind das zum Beispiel die Neun und die Zwei, für Typ Fünf die Vier und die Sechs. Diese Nachbartypen werden auch Flügel genannt.

Das Enneagramm geht davon aus, dass jeder Grundtyp auch Eigenschaften – positive wie negative – seiner Flügeltypen hat. Oft ist dabei einer der beiden Flügeltypen stärker ausgeprägt, so dass sich möglicherweise ein „Mischtyp" zwischen Haupttyp und Flügel ausbildet.

Wenn Sie Ihren Haupttyp ermittelt haben und sich in der Beschreibung dazu nicht vollständig wiederfinden, kann es interessant sein, sich beide Flügel dazu anzusehen. Finden Sie dort eigene Eigenschaften wieder? Manchmal kommt es vor, dass bestimmte Persönlichkeiten nach außen eher ihren Flügeltyp als ihren Haupttyp repräsentieren.

Wie aber können uns nun die Kenntnisse zu unseren Flügeltypen helfen? Verhaltensweisen, Fähigkeiten, Stärken und Schwächen unserer Flügeltypen sind auch in uns vorhanden. Das heißt, wir „können" das auch. Wenn wir uns nun zum Beispiel etwas mehr auf einige positive Verhaltensweisen eines unserer Flügel konzentrieren, könnten wir gegebenenfalls eigene Schwächen verringern oder weitere Stärken gewinnen. Natürlich schaffen wir das nicht von heute auf morgen, natürlich ist das ein Prozess, aber hier finden wir wichtige Ansatzpunkte, um uns besser zu verstehen und mit anderen besser umzugehen.

Wie können Flügel die einzelnen Typen beeinflussen?

Typ 1 – Die Perfektionisten

Einser mit einem starken Neunerflügel wirken ruhiger und gelassener. Sie sind oft weniger Stress ausgesetzt, da sie nicht so stark unter dem Zwang stehen, alles perfekt machen zu müssen. Sie sind eher in der Lage, die Standpunkte anderer zu verstehen. Sie neigen aber leichter zur Bequemlichkeit.

Einser mit starkem Zweierflügel wirken umgänglicher und gehen schneller auf andere Menschen zu. Der Hang zum Perfektionismus könnte abgeschwächt werden. Auch das wirkt sich positiv auf die Stresssituation der Einser aus. Sie neigen aber manchmal dazu, andere kontrollieren zu wollen.

Typ 2 – Die Helfer

Zweier mit starkem Einserflügel sind oft kontrollierter, selbstkritischer und möglicherweise auch distanzierter. Die Gefahr des Helfersyndroms der Zwei wird dadurch oft abgeschwächt. Allerdings besteht die Gefahr, dass andere Menschen zu schnell be- und verurteilt werden.

Zweier mit starkem Dreierflügel sind oft selbstsicherer und risikobereiter. Sie arbeiten zielgerichtet und sind gesellig. Die Gefahr des Helfersyndroms besteht kaum, allerdings sollten sie aufpassen, nicht in das Konkurrenzverhalten der Dreier zu verfallen.

Typ 3 – Die Macher

Dreier mit starkem Zweierflügel sind oft geselliger, hilfsbereiter und können sich besser auf andere einstellen. Es fällt ihnen leichter, nicht nur den Wettbewerb zu sehen, sondern auch Gefühle zuzulassen. Es besteht aber die Gefahr, dass sie zu besitzergreifend werden.

Dreier mit starkem Viererflügel sind oft gefühlvoller und kreativer, aber auch verschlossener. Hier besteht die Gefahr, dass Dreier manchmal übersensibel reagieren.

Typ 4 – Die Künstler

Vierer mit starkem Dreierflügel sind konkurrenzbewusst, optimistisch und eher extrovertiert. Sie treten meist selbstbewusster auf als andere Vierer. Über den Dreierflügel können sie ihre Produktivität steigern, sollten aber aufpassen, dass ihre Kreativität nicht zu sehr unterdrückt wird.

Vierer mit starkem Fünferflügel sind objektiv, ernst und eher introvertiert. Sie suchen meist Abstand zu anderen. Sie sollten aufpassen, dass sie sich nicht zu sehr in sich selbst vergraben oder zu pessimistisch reagieren.

Typ 5 – Die Beobachter oder Wissenschaftler

Fünfer mit starkem Viererflügel sind oft sehr sensibel und für starke Gefühle zugänglich. Möglicherweise sind sie künstlerisch begabt und entwickeln dabei einen ganz eigenen Stil. Zu ihrem umfangreichen Wissen kommt ein ausgeprägtes Vorstellungsvermögen. Hier besteht die Gefahr, dass sie sich zu weit in sich zurückziehen oder leicht in Melancholie verfallen.

Fünfer mit starkem Sechserflügel gehen oft stärker aus sich heraus und bringen sich aktiver in Prozesse ein. Sie neigen dazu, ängstlich zu sein.

Typ 6 – Die Mitstreiter

Sechser mit starkem Fünferflügel sind eher ruhig, manchmal sogar verschlossen. Sie lieben geistige Auseinandersetzungen und achten eher auf Distanz. Sie sind mitunter negativ eingestellt und sollten aufpassen, nicht zynisch zu werden.

Sechser mir starkem Siebenerflügel sind offener und geselliger, humorvoll und eher positiv eingestellt. Sie neigen dazu, überzureagieren.

Beide Flügel helfen der Sechs ihre Furcht abzubauen und leichter Entscheidungen zu treffen.

Typ 7 – Die Abenteurer oder Idealisten

Siebener mit starkem Sechserflügel sind engagierter und pflichtbewusst. Sie verfügen über viel Energie, sie sind meist zuverlässig und können Termine besser einhalten.

Siebener mit starkem Achterflügel sind energiegeladen und neigen zur Ungeduld. Wie Achter sind sie genussorientiert und durchsetzungsfähig. Sie können leicht begeistern, sollten aber darauf achten, andere nicht zu bevormunden.

Typ 8 – Die Führer

Achter mit starkem Siebenerflügel sind meist extrovertiert, energiegeladen und haben eine sehr schnelle Auffassungsgabe. Sie sollten aufpassen, ob andere in diesem Tempo folgen können.

Achter mit starkem Neunerflügel sind eher als ruhig und geduldig einzuschätzen.

Typ 9 – Die Vermittler

Neuner mit starkem Achterflügel sind willensstärker und können sich besser durchsetzen. Sie schwanken zwischen Streitlust und Kompromissbereitschaft. Sie sind weniger gleichgültig.

Neuner mit starkem Einserflügel können sich meist besser organisieren, sind ordentlicher und können ihre Bedürfnisse besser ausdrücken.

Beide Flügel helfen der Neun, mehr aus sich herauszugehen.

Verhalten bei Stress und Entspannung
Die Pfeile

Sie haben Ihren Enneagrammtyp bestimmt und sich die Beschreibungen zu den einzelnen Typen durchgelesen. Sie finden aber noch immer Eigenschaften von anderen Typen, die auch auf Sie zutreffen? Das kann durchaus richtig sein. . Wir möchten daran erinnern, dass wir alles Mischtypen sind. „Reine" Typen sind äußerst selten. Wir zeigen damit also Verhaltensweisen mehrerer Typen. Manchmal heben sich dann bestimmte Verhaltensweisen auf oder verstärken sich. Von einzelnen Merkmalen auf einen bestimmten Typ zu schließen ist gefährlich. Das Gesamtbild ist entscheidend. Treffen mehrere Merkmale eines bestimmten Enneagrammtyps auf sie zu, so ist es wahrscheinlich, dass sie aus diesem Bereich Merkmale aufweisen.

Das Enneagramm ist kein starres Kategoriensystem. Vielmehr stehen die neun Persönlichkeitstypen innerhalb des Enneagramms dynamisch miteinander in Verbindung. In bestimmten Situationen können die einzelnen Typen anderes als das gewöhnliche Verhalten zeigen. Solche Situationen sind auf der einen Seite Stress und auf der anderen Sicherheit. In der Enneagramm-Darstellung entsprechen diese Verhaltensänderungen den Pfeilen. Die Pfeile zeigen die Verbindung jedes Grundtyps mit zwei anderen. Der abgehende Pfeil bedeutet, dass in Stresssituationen die Eigenschaften des Gegentyps angenommen werden können. Der ankommende Pfeil geht von dem Typ aus, dessen Verhalten wir bei Entspannung oder Sicherheit annehmen können.

Ein Beispiel: Ein machtgewohnter, lauter und dominanter Achter wird immer seinen Prinzipien treu bleiben, aber wenn es dem Achter richtig gut geht und er nicht ständig mit der Sicherung seinen Reviers und dem Kampf um Gerechtigkeit beschäftigt ist, kann er auch ganz anders sein. Wenn er sich richtig sicher fühlt, kann er positives Verhalten einer Zwei zeigen. Er wird zugänglich, hilfsbereit und kann sich für andere sehr stark einsetzen. Er ist dann möglicherweise sogar in der Lage, seinen Gefühlen nachzugehen. Gerät der Achter andererseits unter Stress oder starke Anspannung, zeigt er eher des Verhalten einer Fünf. Er geht auf Distanz, hält sich zurück und analysiert die Situation – er wird zum scharfen Beobachter.

In Situationen der Sicherheit fällt die übliche Anspannung weg und jeder der 9 Typen muss nicht mehr so wachsam sein, entspannt und kann über sich selbst hinauswachsen. Jeder Typ übernimmt dann mehr oder weniger die Eigenschaften des Typs, zu dem sein Entspannungspfeil weist.

Unter Stress übernehmen sie dann teilweise das Verhalten des Typs der Stresslinie.

Einige Seminarteilnehmer, die unterschiedlichsten Typen, berichteten uns, dass dieses „Umschalten" unter Stress ihnen tatsächlich schon geholfen hat. Und dass sie sich im Nachhinein fragten, wie sie komplizierte Situationen so gut meistern konnten.

Wenn Sie das Wissen um das Enneagramm bewusst einsetzen und davon ausgehen, wie viele Stärken in Ihnen noch verborgen sind und nur wachgerüttelt werden wollen, dann können Sie Ihr Verhalten aktiv verändern und zukünftig in komplizierten Situationen sicherer handeln und dadurch erfolgreicher werden. Dafür geben wir Ihnen an dieser Stelle noch einige Hinweise zu den einzelnen Typen und ihren Pfeilen.

Pfeile für Typ 1, 2 und 3

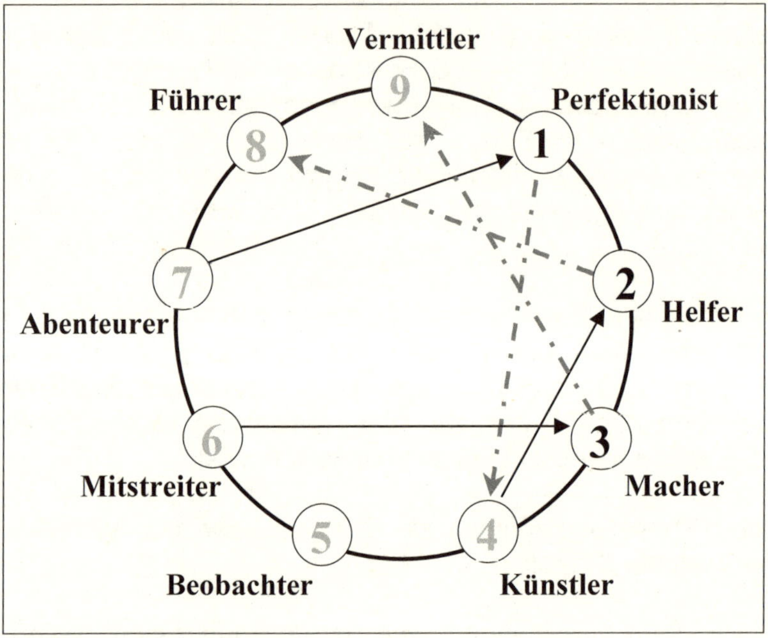

Typ 1 – Die Perfektionisten

Ihr Siebenerpfeil begünstigt Ihre Stimmung und Spontaneität. In Situationen der Ruhe können Sie dem Leben mehr Freude abgewinnen und auch ohne Planung etwas genießen. Oft entwickeln Sie hier sogar Humor, sind ein angenehmer Gesellschafter und ergötzen sich an der Achtung, die andere Ihnen entgegenbringen. Ihr Viererpfeil ermöglicht Ihnen unter Stress ruhiger zu werden und Ihre spontanen Reaktionen besser unter Kontrolle zu behalten. Sie werden sich Ihrer Gefühle bewusster, können kreativ sein und Probleme auf gerechte Art lösen.

Typ 2 – Die Helfer

Ihr Viererpfeil ermöglicht es Ihnen, Gefühle zu erkennen, ohne immer nur helfen zu wollen. Sie können kreativer werden und Dinge entdecken, die Ihr Selbstwertgefühl steigern. Ihr Achterpfeil hilft Ihnen, unter Stress über sich selbst hinauszuwachsen, Entscheidungen überlegen zu treffen und selbstbewusster aufzutreten.

Typ 3 – Die Macher

Ihr Sechserpfeil lässt Sie in Phasen der Ruhe den Wettbewerb vergessen. Dann sind Sie in der Lage, Leistungen von anderen Teammitgliedern objektiv zu beurteilen und anzuerkennen ohne sofort eigene Imageverluste befürchten zu müssen. Ihr Neunerpfeil stärkt Ihre Fähigkeit, in Stresssituationen mehr auf Einzelheiten zu achten und andere Standpunkte besser zu verstehen. Je unwichtiger es Ihnen ist, unbedingt in jeder Situation gewinnen zu müssen, um so mehr sind Sie in der Lage Lösungen zu finden.

Pfeile für Typ 4, 5 und 6

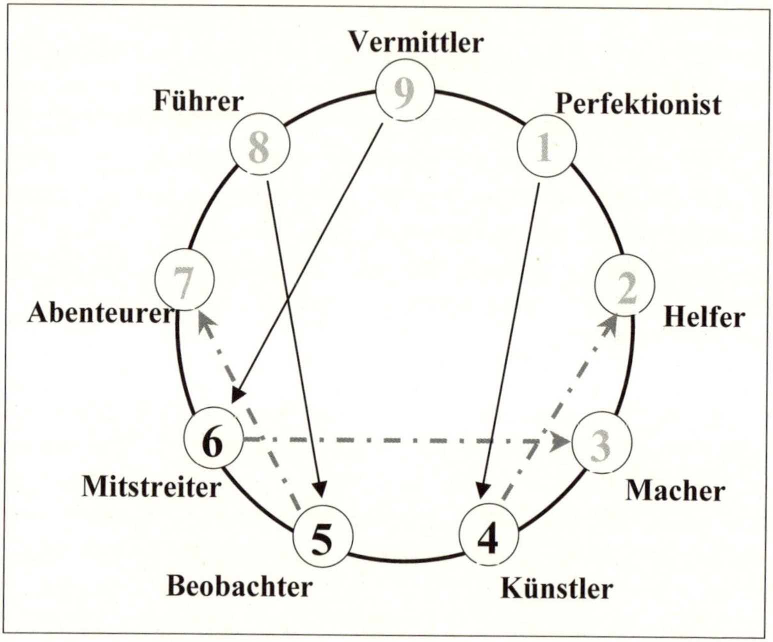

Typ 4 – Die Künstler oder Individualisten

Ihr Einserpfeil beschert Ihnen praktische Orientierung und eine klare Sicht auf die Dinge. Sie lassen sich dann weniger von Gefühlen leiten. Ihr Zweierpfeil hilft Ihnen, auf andere Menschen zuzugehen und weniger auf sich selbst bezogen zu denken. Dadurch besteht in Stresssituationen weniger die Gefahr, dass Sie sich einigeln.

Typ 5 – Die Wissenschaftler oder Beobachter

Ihr Achterpfeil ermöglicht Ihnen, Ihre Meinung direkt zu sagen und weniger zurückhaltend zu sein. Für Sie wird es leichter aus sich herauszugehen und die Initiative zu ergreifen. Ihr Siebenerpfeil lässt Sie weniger gehemmt sein und in Auseinandersetzungen Ihre Meinung offener vertreten.

Typ 6 – Die Mitstreiter

Ihr Neunerpfeil reduziert Ihre Sorgen und Ängste. Ihre Ruhe finden Sie in der Gelassenheit der Neun. In dieser Situation finden Sie Mut und Selbstvertrauen. Durch Ihren Dreierpfeil mobilisieren Sie in Stresssituationen zusätzliche Energie, um zu kämpfen und Entscheidungen zu treffen, ohne Angst davor zu haben.

Pfeile für Typ 7, 8 und 9

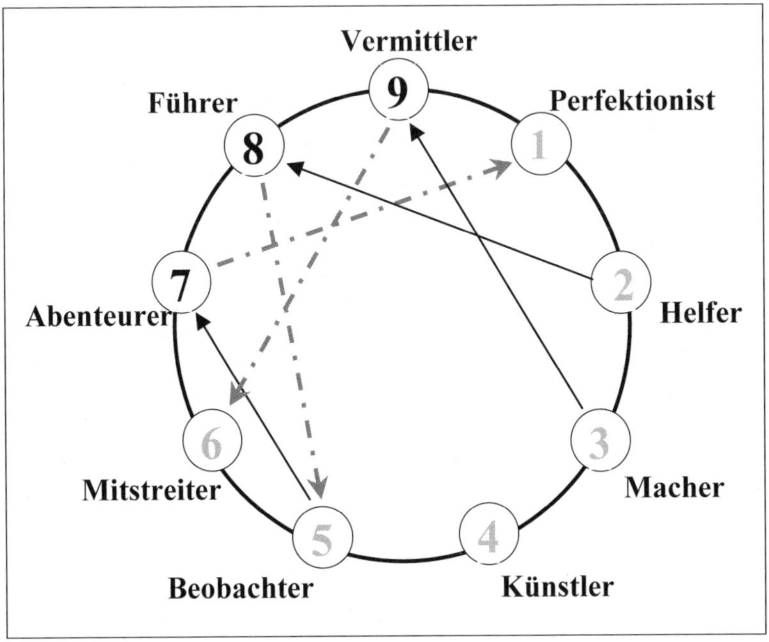

Typ 7 – Die Abenteurer oder Individualisten

Ihr Fünferpfeil ermöglicht es Ihnen, sich zurückzuziehen und neue Energie zu sammeln. Sie sind in der Lage, allein zu sein und auf Ihre innere Stimme zu hören, frei von dem Erlebnishunger ihres alltäglichen Lebens. Ihr Einserpfeil versetzt Sie in die Lage, in Stresssituationen planmäßiger vorzugehen und Ihre Möglichkeiten realistischer einzuschätzen.

Typ 8 – Die Führer

Ihr Zweierpfeil bringt Ihnen Entspannung, und dann können Sie besser auf andere Menschen zugehen. Sie können dann sehr hilfsbereit sein und andere unterstützen. Durch Ihren Fünferpfeil gelingt es Ihnen, Ihre Reaktionen unter Kontrolle zu halten. Sie können Situationen dann besser erfassen und analysieren. In Krisensituationen ziehen sich Achter gern zunächst zurück, beobachten, bewerten und schlagen dann zu.

Typ 9 – Die Vermittler

Ihr Dreierpfeil hilft Ihnen Entscheidungen zu treffen. Wenn keine Gefahr von Konflikten droht, entwickeln Sie mehr Selbstvertrauen, sind praktischer und können produktiver sein. Ihr Sechserpfeil bewirkt, dass Sie in Stresssituationen gelassen bleiben, aber trotzdem aktiv Entscheidungen treffen.

Liebe Leserinnen und Leser,

jetzt wissen Sie, welche Potenziale in Ihnen stecken und was Sie in bestimmten Situationen in tun können. Wie Sie dieses Wissen nutzen und umsetzen, das allerdings liegt ganz bei Ihnen.

Wie man Spannungen vermeiden kann Enneagramm und Partnerschaft

Wir haben uns die Entscheidung nicht leicht gemacht, ob wir dieses Kapitel überhaupt veröffentlichen sollen. Auch in unseren Seminaren prüfen wir genau, wann wir das Thema Partnerschaft ansprechen können. Und bevor wir dieses Kapitel behandeln, nehmen wir unseren Seminarteilnehmern drei Versprechen ab. Wir bitten Sie, sich diese Versprechen jetzt selbst zu geben. Vielleicht sollten Sie dieses Kapitel aber auch lieber überspringen.

Aha! Sie haben sich also entschlossen weiter zu lesen. Gut, dann bedenken Sie bitte die folgenden drei Punkte.

Erstens: Wenn Sie verheiratet sind - lassen Sie sich nicht gleich scheiden!

Zweitens: Wenn Sie noch oder wieder auf der Suche nach einem Partner sind – suchen Sie nicht mit Hilfe des Enneagramm-Fragebogens!

Drittens: Jede Partnerschaft kann glücklich und harmonisch sein, unabhängig vom Enneagrammtyp. Oder sie kann scheitern, ebenfalls unabhängig davon, welcher Enneagrammtyp Ihr Partner ist!

In diesem Kapitel wollen wir lediglich aufzeigen, wo zwischen den einzelnen Typen Spannungen auftreten können. Oftmals handelt es sich dabei zunächst um Fehldeutungen zwischen den einzelnen Typen. Wenn man weiß, warum der andere etwas macht und erkennt, dass er es nicht tut, um uns zu ärgern, wenn man versucht, den anderen Typ zu verstehen und mit ihm zu reden, dann kann jede Beziehung gut gehen. Die Betonung liegt dabei auf „verstehen", nicht auf „ändern".

Kein Mensch lässt sich gern verbiegen oder bevormunden. Und auch wenn es zunächst eigenartig klingt, allein durch Ihre Bereitschaft, den anderen zu verstehen, fällt es Ihnen selbst leichter, mit seinem Verhalten umzugehen – und er wiederum kann Ihnen besser entgegenkommen.

Auch hier noch einmal ganz deutlich: Wir sind fast immer Mischtypen! Das Verhalten des Einzelnen ist also viel zu kompliziert, als dass man es in eine Schublade stecken und dafür ein Patentrezept hervorzaubern könnte. Wir sind alle Individuen, und wir wollen auch gar nicht so leicht durchschaubar sein. Daher gehen Sie behutsam vor, wenn Sie Ihr Enneagramm-Wissen anwenden und seien Sie geduldig.

Noch ein Hinweis: Beim Korrekturlesen bemerkte jemand, dass wir beim Betrachten von Typ 2 die Beziehung Zwei und Eins vergessen hätten. Da diese aber schon bei Typ 1 betrachtet wird, haben wir sie nicht noch einmal erfasst. Das gilt auch für die anderen Typen.

Typ 1 mit Typ 1

Eine gute Grundlage der Zusammenarbeit sind die Gewissenhaftigkeit und die gemeinsame Auffassung von Gerechtigkeit. Beide schätzen die hohen Ideale und die Zuverlässigkeit des anderen. Reibungspunkte könnte es geben, wenn jeder nur seine eigene Meinung gelten lässt oder zu beschäftigt ist, um Zeit für gemeinsame Entspannung finden zu können. In Stresssituationen kommt es dann und wann zu gegenseitigen Vorwürfen, die der andere als ungerecht empfinden kann.

Typ 1 mit Typ 2

In dieser Beziehung spielen Warmherzigkeit, gegenseitige Achtung und Aufmerksamkeit eine wichtige Rolle. Wenn die Eins bedrückt ist, baut die Zwei sie wieder auf. Reibungspunkte könnte es geben, wenn die Eins Kritik zu schroff ausdrückt und die Zwei dann beleidigt ist. Einser ärgern sich manchmal darüber, dass die Zwei ihren Ansprüchen an Perfektion nicht vollständig entspricht und bringen das verbal oder nonverbal zum Ausdruck. Die Zwei fühlt sich dann leicht verletzt und herabgesetzt.

Typ 1 mit Typ 3

Gegenseitige Achtung und Unterstützung spielen in dieser Partnerschaft eine große Rolle. Ärger könnte es geben, weil Dreier sehr karriereorientiert sind und es zum Vorankommen manchmal mit der Wahrheit nicht so genau nehmen. Einser geraten hier in Kollision mit ihrem Perfektionismus.

Typ 1 mit Typ 4

Diese Beziehung ist vor allem sehr gefühlvoll. Reibungspunkte könnten dann auftreten, wenn Einser die Freiräume der Vierer nicht akzeptieren. Vierer wollen etwas Besonderes sein, Einser streben Perfektionismus an. Auch dabei können Reibungspunkte auftreten.

Typ 1 mit Typ 5

Fünfer wollen alles genau wissen, daher fragen sie oft und meist sehr direkt. Einser fühlen sich durch direkte Fragen jedoch leicht angegriffen. Sie verstehen das oft als Vorwürfe oder Kritik an ihrer Person. Hier könnten Reibungspunkte auftreten, es sei denn, von beiden Seiten liegt hier besonderes gegenseitiges Verständnis vor.

Typ 1 mit Typ 6

Beide Partner schätzen die Zuverlässigkeit des anderen. Da die Sechs Probleme gern auf andere oder etwas anderes projiziert, könnte es hier Missverständnisse mit der Eins geben. Die Eins fühlt sich dann leicht selbst angegriffen, will aber perfekt sein. Dabei neigt sie dazu, die Schuld an die Sechs zurückzuweisen, was diese natürlich abwehrt. Hier könnte es Reibungspunkte geben.

Typ 1 mit Typ 7

Beide Typen haben Ideale und wollen die Welt verbessern. Die Eins bewundert die Flexibilität der Sieben, und diese ist vom planmäßigen Vorgehen der Eins beeindruckt. Allerdings können die spontanen Entscheidungen der Siebener einen planvollen Einser zur Verzweiflung bringen. Die Gewissenhaftigkeit der Einser wird einerseits von den Siebenern bewundert, ist andererseits aber auch Grund für mögliche Reibungspunkte.

Typ 1 mit Typ 8

Obwohl Einser die Entscheidungsfreude und Direktheit der Achter bewundern, leiden sie darunter, dass Achter ihre Kritik nicht diplomatischer vorbringen können. Wenn die Achter nicht berücksichtigen, dass Einser als Perfektionisten glauben, keine Fehler machen zu dürfen und sie jetzt offen kritisieren, gibt es jede Menge Reibungspunkte.

Typ 1 mit Typ 9

Neuner sind zufrieden und locker. Einser wollen perfekt sein und immer und überall etwas verbessern, wenn notwendig auch mit großem Aufwand. Neuner wollen eher ihre Ruhe und möglichst wenig Veränderung. Hier liegt das Konfliktpotential dieser Beziehung.

Typ 2 mit Typ 2

Diese Beziehung ist von Hilfsbereitschaft, Verständnis und Gefühlen geprägt, und es gibt kaum Konfliktpotenzial. Lediglich die Empfindlichkeit der Zweier könnte zu Kommunikationsproblemen führen, wenn wegen Stolz und Schmollen sich beide Partner in sich selbst zurückziehen.

Typ 2 mit Typ 3

Eine dynamische Beziehung, bei der die Reibungspunkte dadurch entstehen, dass Zweier glauben, die Drei sei wohl mit ihrem Job verheiratet. Sozial orientierte Zweier sind eher Familienmenschen – Dreier sind die Macher und immer für ihren Job da.

Typ 2 mit Typ 4

Die Zwei braucht Nähe, die Vier eher Abstand. Obwohl diese Beziehung sehr gefühlvoll sein kann, könnte es Reibungspunkte genau bei diesem „Abstand" geben. Die Zwei sollte lernen, zu akzeptieren, dass die Vier manchmal Rückzugsräume für sich allein braucht.

Typ 2 mit Typ 5

Beziehungsorientierte Zweier und sachorientierte Fünfer könnten Differenzen bekommen. Zweier suchen die Nähe zu anderen, Fünfer eher den Abstand. Zweier sollten lernen, diesen Wunsch zu berücksichtigen.

Typ 2 mit Typ 6

Von beiden Typen geht normalerweise Ruhe aus. Die Zweier wollen zu allen Menschen freundlich sein, auch zu denen, bei der die Sechs eher Abstand nimmt. Hier könnte es sein, dass die Sechser daraufhin eifersüchtig werden oder die Zweier für nicht aufrichtig halten.

Typ 2 mit Typ 7

Zweier sind hilfsbereit und Siebener sind glücklich – normalerweise eine gute Kombination. Zweier fühlen sich aber eher zurückgesetzt, wenn Siebener ohne Absprache allein Entscheidungen treffen oder Pläne kurzfristig umstellen.

Typ 2 mit Typ 8

Zweier bewundern die Stärke und Konsequenz der Acht. Über ihren Zweierflügel kann die Acht viele Verhaltensweisen der Zwei nachvollziehen, so dass es eigentlich zu einer harmonischen Beziehung kommen sollte. Nur wenn Achter zu besitzergreifend sind, könnten Zweier sich unwohl fühlen.

Typ 2 mit Typ 9

Zweier schätzen an der Neun, dass sie gute Zuhörer sind und Nähe mögen. Neuner schätzen die Lebendigkeit der Zwei, können sich aber andererseits von zu viel Aktivität gestört fühlen.

Typ 3 mit Typ 3

Beide Partner arbeiten gern und haben Freude daran, zu interessanten Personen Kontakt aufzubauen. Probleme könnten auftreten, wenn beide sich zu sehr in ihre Arbeit vergraben oder ein gegenseitiges Konkurrenzdenken aufgebaut wird.

Typ 3 mit Typ 4

Dreier schätzen an Vierern deren Kreativität und die Fähigkeit, tiefgründige Gespräche zu führen. Da Dreier aber oft nur schwer die Stimmungsschwankungen und den Wunsch nach Rückzug der Vierer verstehen, kann es hier zu Reibungen kommen. Vierer schätzen die Zielstrebigkeit der Dreier, werfen ihnen aber manchmal Oberflächlichkeit vor.

Typ 3 mit Typ 5

Dreier sind beeindruckt vom Wissen der Fünfer, und Fünfer schätzen die Dynamik der Dreier. Dabei sind Dreier eher die Praktiker und Fünfer die Denker, die Situationen genau analysieren wollen. Hier könnten Differenzen auftreten, wenn den Dreiern vorgeworfen wird, dass sie oberflächlich sind und die Fünfer als unpraktisch bezeichnet werden.

Typ 3 mit Typ 6

Sechser stellen sich oft vor, dass etwas Schlimmes passieren könnte. Die aktiven, energiegeladenen Dreier verstehen diese Ängste nur sehr schwer. Oft versuchen sie dann, die Sechser durch Optimismus aufzuheitern und ihnen mit Humor über die Sorgen hinwegzuhelfen. Sechser fühlen sich dann meist nicht ernst genommen. Sie wollen lieber über ihre Ängste sprechen.

Typ 3 mit Typ 7

Eine dynamische, energiegeladene Beziehung mit Abenteuern und Action, wobei die Siebener den Dreiern manchmal vorwerfen, zu sehr auf ihr persönliches Image zu achten und zu wenig auf die gemeinsame Beziehung.

Typ 3 mit Typ 8

Dreier wollen möglichst allen gefallen und ein positives Image für sich aufbauen. Achter könnten Dreiern dann vorwerfen, zu lügen und nicht aufrichtig zu sein. Wo eine Aussprache für die weitere Verständigung sinnvoll wäre, leugnen Dreier bei Vorwürfen von Achtern selbst dann noch, wenn sie längst durchschaut sind. Achter können darauf manchmal mit Wutanfällen reagieren. Das können Reibungspunkte in dieser sonst sehr erfolgsorientierten Beziehung sein.

Typ 3 mit Typ 9

Dreier sind aktiv und Neuner wollen ihre Ruhe haben. Hier liegt Zündstoff für Konflikte. Während Dreier für ihren Job aktiv sind, denken Neuner leicht daran, dass die Drei ihre Beziehung nicht genug würdigt und zieht sich in sich selbst zurück. Die Drei glaubt jetzt oftmals, dass Neuner Verständnis zeigen und sie in Ruhe weiter arbeiten kann. Die Neun jedoch wartet derweil auf ein freundliches, entgegenkommendes, beziehungsorientiertes Gespräch, woran die Drei mit keiner Silbe denkt. Das Wissen um das Enneagramm kann dieses fast schon klassische Missverständnis ausräumen. Klärende Gespräche helfen hier.

Typ 4 mit Typ 4

Die Gefahr in dieser sehr gefühlvollen und tiefsinnigen Beziehung liegt darin, dass Vierer zur Melancholie neigen. Zwei Vierer, die möglicherweise gerade einige Probleme haben, könnten sich zum Beispiel gegenseitig stark demotivieren.

Typ 4 mit Typ 5

Vierer brauchen Nähe und Fünfer suchen den Abstand. Das kann der Ausgangspunkt für Missverständnisse in dieser Beziehung sein.

Typ 4 mit Typ 6

Sechser wollen klare und eindeutige Vorgaben, Vierer sagen manches eher indirekt. Hier kann es zu Kommunikationsproblemen und gegenseitigen Vorwürfen kommen.

Typ 4 mit Typ 7

Eine oftmals stark von Gefühlen geprägte Beziehung, die sowohl romantisch und abenteuerlich, auf jeden Fall aber abwechslungsreich ist. Im Extremfall ist die Sieben aber positiv und die Vier eher negativ eingestellt. Siebener werfen Vierern dann Pessimismus vor, und Vierer warnen die Siebener vor zu übertriebenem Optimismus.

Typ 4 mit Typ 8

Diese Beziehung ist von Ehrlichkeit und gegenseitiger Achtung geprägt. Achter können Vierern besonders dabei helfen, ihre Niedergeschlagenheit zu überwinden und ermutigen sie, ihre Kreativität offen zu zeigen. Da starke Achter aber manchmal den „Charme einer Dampfwalze" haben, können gefühlvolle Vierer hier Reibungspunkte sehen.

Typ 4 mit Typ 9

Neuner sind oftmals zufrieden und wollen sich daher keine negativen Gedanken machen. Wenn Vierer allerdings in ihrer melancholischen Phase sind, können hier Missverständnisse auftreten. Vierer halten dann manchmal die Neuner für desinteressiert, und Neuner halten Vierer für pessimistisch.

Typ 5 mit Typ 5

Fünfer lieben in ihren Beziehungen angeregte, tiefgründige und detaillierte Diskussionen und akzeptieren gegenseitig die nötigen Freiräume. In Stressphasen neigen Fünfer aber zu gegenseitigem Misstrauen und zu verbalen Auseinandersetzungen, die sehr bissig sein können.

Typ 5 mit Typ 6

Sechser entscheiden nicht gern. Sie suchen dazu Gespräche und lieben eher die Nähe. Fünfer beobachten und suchen eher den Abstand. Hier könnten Reibungspunkte auftreten, weil Sechser befürchten könnten, dass Fünfer sie möglicherweise nicht ernst nehmen und nicht bereit sind, über ihre Sorgen zu sprechen.

Typ 5 mit Typ 7

Wenn die Sieben ein sehr geselliger Typ ist und zum Beispiel gern Freunde einladen würde, kann die Fünf eher auf Abstand gehen wollen. Dann wären Spannungen vorprogrammiert. Ein weiteres Feld für Missverständnisse könnte die mitunter auftretende Sparsamkeit der Fünf sein. Sie wirft dann unter Umständen Verschwendungssucht vor, was die Sieben wiederum als Geiz bezeichnet. Fünfer sind manchmal von der Spontaneität der Sieben überfordert, sie bezeichnen das dann als Oberflächlichkeit, wobei Siebener die Fünf dann für unpraktisch halten könnten.

Typ 5 mit Typ 8

Beide Partner schätzen am anderen, dass er Auseinandersetzungen mit Autoritäten nicht scheut. Allerdings kritisiert die Fünf, dass die Acht zu oft die „Dampfhammermethode" nutzt. Achter könnten der Fünf vorwerfen, dass sie eher theoretisieren, anstatt zu handeln.

Typ 5 mit Typ 9

Ein Reibungspunkt dieser Beziehung könnte es sein, dass Neuner Nähe suchen, kuscheln, gemeinsam fernsehen, spielen oder lesen, aber nicht unbedingt und immer diskutieren. Fünfer suchen eher Abstand – aber wenn sie Nähe suchen, dann für Gespräche und wissenschaftliche Erörterungen.

Typ 6 mit Typ 6

Obwohl Sechser ja nur ungern Entscheidungen treffen, wird sich in dieser Beziehung ein Partner finden, der die Entscheidungen übernimmt. Das liegt einerseits daran, dass wir alle Mischtypen sind, andererseits ist eine Sechs auch bereit zu entscheiden, wenn kein anderer es tut.

Typ 6 mit Typ 7

Der abenteuerlustige Siebener versetzt mit seinen Ideen und Vorschlägen seinen vorsichtigen Sechser leicht in Angst und Schrecken. Andererseits mögen Sechser aber den Optimismus und die Lebensfreude der Siebener. Siebener ärgern sich manchmal darüber, dass Sechser zu ängstlich sind und Entscheidungen erst nach langem Zögern treffen.

Typ 6 mit Typ 8

Achter schätzen die Unterstützung, die Zuverlässigkeit und Loyalität der Sechser, können sich aber sehr aufregen, wenn Sechser eine ständige Angst davor entwickeln, Neues auszuprobieren. Sechser schätzen an Achtern, dass sie schnell Entscheidungen treffen und dafür auch die Verantwortung übernehmen. Da Achter aber oft laut und direkt sind, könnten Sechser sich dabei manchmal auch herumkommandiert fühlen.

Typ 6 mit Typ 9

Sechser stören sich mitunter an der Ruhe und Inaktivität der Neun. Sechser arbeiten hart und gewissenhaft und sind der Meinung, dass andere das genau so tun müssten. Bemerkungen dazu können Neuner sehr persönlich nehmen und abweisend oder vorwurfsvoll reagieren.

Typ 7 mit Typ 7

Eine von viel Energie und Abwechslung geprägte Beziehung, in der beide Partner einerseits viel Spaß haben, andererseits aber auch übertrieben kritisch reagieren können.

Typ 7 mit Typ 8

Siebener sagen, was sie denken und dafür werden sie von Achtern geschätzt. Achter könnten Siebenern gelegentlich vorwerfen, die Dinge zu leicht zu nehmen, Probleme einfach wegzurationalisieren und in Konfrontationen zu wenig direkt zu sein. Siebener werfen dabei den Achtern vor, zu intensiv zu kämpfen und Ungerechtigkeit fast bis zur Rache zu verfolgen, anstatt lieber den freudigen Dingen des Lebens nachzugehen.

Typ 7 mit Typ 9

Siebener kritisieren an Neunern manchmal deren Bequemlichkeit und stören sich daran, dass Neuner zu selten bereit sind, neue Dinge auszuprobieren. Der Neun sind Siebener manchmal einfach zu schnell und zu unstet.

Typ 8 mit Typ 8

Achter haben Mühe, sich gegenseitig gleich viel Autorität zuzugestehen. Wenn sie verletzt sind, hacken sie oft aufeinander herum und haben dann Schwierigkeiten, wieder zueinander zu finden.

Typ 8 mit Typ 9

Neuner schätzen an Achtern, dass sie loyal, stark und gerecht sind und sich nicht scheuen, ihre Meinung zu sagen. Sie ärgern sich aber, wenn Achter undiplomatisch und mit dem „Charme einer Dampfwalze“ auf sie zukommen. Achter ärgern sich über Neuner, wenn diese nicht direkt ihre Meinung sagen, sondern denken, dass Achter erraten könnten, was die Neuner wollen.

Typ 9 mit Typ 9

Neuner schätzen sich gegenseitig für ihre Gelassenheit, haben aber gleichzeitig Schwierigkeiten damit, Veränderungen in Angriff zu nehmen oder Entscheidungen zu treffen. In solchen Situationen kommt es dann leicht zu gegenseitigen Schuldzuweisungen.

Liebe Leserinnen und Leser, all diese Differenzen können, aber sie müssen nicht auftreten. Es ist jedoch oft nützlich, um mögliche Missverständnisse zu wissen. Sollten diese dann in Ansätzen auftreten, kann man versuchen das Verhalten des Partners zu verstehen und gegenzusteuern. Zumindest lohnt sich ein Hinterfragen der Meinung des anderen. Mit dem Wissen um die Gefahr von Fehlinterpretationen ist der Weg zur Aussprache geebnet. Das rechtzeitige Gespräch führt zu einem besseren gegenseitigen Verständnis und kann Vorwürfe vermeiden und die Partner einander näher bringen.

Muss man an das Enneagramm glauben? Einige häufig gestellte Fragen:

Die Teilnehmer unserer Seminare stellen uns natürlich viele Fragen. Einige der häufigsten haben wir herausgegriffen und wollen sie hier für Sie beantworten.

Ist das Enneagrammverhalten angeboren oder wird es durch das soziale Umfeld geprägt?

Natürlich ist bestimmtes Verhalten angeboren. Dabei sind grundsätzlich alle neun Grundverhaltenstypen im Menschen angelegt. Durch das soziale Umfeld, Erziehung, vorgegebene Verhaltensnormen und eigene Erfahrungen wird später der jeweilige Enneagrammtyp herausgebildet.

Ab welchem Alter ist das Enneagrammprofil relativ gefestigt?

Kinder und Jugendliche probieren zunächst bestimmte Verhaltensweisen aus. Dabei wird ein bestimmtes Verhalten so lange beibehalten, wie es zum Erfolg führt. Erst wenn sich bei einem bestimmten Verhalten kein Erfolg mehr einstellt, wird eine neue Richtung probiert. Jugendliche sind gewissermaßen noch auf der Suche. Erst mit ca. 25 bis 30 Jahren hat sich das Verhalten gefestigt.

Kann sich das Enneagrammprofil in bestimmten Zeiträumen ändern?

Ab einem Alter von 25 bis 30 Jahren ist das Enneagramm relativ gefestigt und bestimmte Verhaltensweisen haben sich bei den einzelnen Menschen ausgeprägt. Das Enneagramm ändert sich dann in kurzen Zeiträumen unter normalen Umständen kaum noch. Aus einer Persönlichkeit mit hohen Dreieranteilen und wenig ausgeprägten Viereranteilen wird sich nicht plötzlich eine Vier mit niedrigen Dreieranteilen entwickeln. Änderungen im Verhalten um einen oder zwei Stellenwerte bei einzelnen Grundtypen können natürlich vorkommen. Das passiert allein schon durch unterschiedliche Stimmungen und verschiedene Interpretationen von Aussagen. Am Gesamtbild ändert sich allerdings dabei kaum etwas. Wie gesagt – unter normalen Umständen!

Bei entscheidenden Veränderungen im Leben, kann sich aber auch das Enneagramm eines Menschen deutlich verändern. Solche entscheidenden Veränderungen sind zum Beispiel eine Trennung (Scheidung) vom Partner, der Tod eines nahen Angehörigen oder ein eigener schwerer Unfall. Auch der plötzliche Verlust des Arbeitsplatzes kann deutliche Änderungen im Enneagrammprofil hervorrufen.

Was versteht man unter „Erstverschlimmerung?

In Enneagramm-Seminaren beobachten wir bei unseren Teilnehmern noch im Seminar oder unmittelbar danach manchmal ein bestimmtes Verhalten, das in der Literatur als „Erstverschlimmerung" beschrieben wird. Wenn die Teilnehmer Ihren Typ erkannt haben, kommt es vor, dass sie anfänglich die negativen Eigenschaften noch verstärken und das auch offen zum Ausdruck bringen. Die Eins wird noch pingeliger, die Zwei wird noch stolzer und so weiter.

Ein Beispiel: Während eines Seminars gingen wir in der Mittagspause gemeinsam mit den Teilnehmern in die Kantine zum Essen. Ein Teilnehmer brachte auf seinem Tablett gleich zwei Dessertbecher für sich mit – wahre Kalorienbomben! Auf unsere fragenden Blicke sagte er nur: „Ich bin eine Sieben und das brauche ich für den Genuss! Siebener brauchen ja von allem etwas mehr!" Die frisch erworbene Kenntnis über den eigenen Enneagrammtyp wird sozusagen als Entschuldigung genutzt.

Auch wenn man sich dadurch offenbar vom Ziel des Enneagramms – die eigene Persönlichkeit zu entwickeln – zunächst entfernen mag, möchten wir dieses Verhalten nicht überbewerten. Zeigt es doch viel mehr, dass der einzelne Teilnehmer seinen Typ gefunden hat und bereit ist, sich damit auseinander zu setzen. Schließlich sagt schon ein altes Sprichwort: „Selbsterkenntnis ist der erste Weg zur Besserung!"

Was passiert, wenn ich nicht an das Enneagramm glaube?

Gar nichts! Das Enneagramm ist keine Glaubensfrage. Es werden lediglich Zusammenhänge aufzeigt, Verhaltensmuster erklärt. Sie bestehen, ob Sie nun daran glauben oder nicht. Viel wichtiger scheint uns die Frage, ob jemand an sich selbst glaubt.

Nach unserer Auffassung geht es darum, ob der Wunsch vorhanden ist sich zu verändern, an sich selbst zu arbeiten. Wer das Bedürfnis hat, seine Stärken auszubauen und seine Schwächen salonfähig zu machen, der muss nicht an das Enneagramm „glauben". Wer den Willen hat, andere Menschen besser zu verstehen, auf sie zuzugehen und im Team verständnisvoller und erfolgreicher zu sein, muss nicht an das Enneagramm „glauben". Aber das Enneagramm kann ein Hilfsmittel sein, um seine Ziele zu erreichen. Das können Sie uns glauben.

Das Enneagramm im Alltag
Einige Beispiele zum besseren Verständnis
Testen Sie Ihr Wissen

Auf den nachfolgenden Seiten können Sie überprüfen, wie genau Sie sich in das Verhalten der einzelnen Enneagrammtypen hineinversetzen können.

Im Folgenden sind einige Alltagssituationen dargestellt. Wie würden sich Einser, Zweier, Dreier und so weiter in der jeweiligen Situation verhalten? Welcher Typ könnte was gesagt haben? Auf der Folgeseite finden Sie unsere Lösungen.

Die Beispiele sollen helfen, die einzelnen Enneagrammtypen noch besser zu verstehen. Beachten Sie jedoch, dass wir hier wieder Typen mit einer sehr starken Einzelausprägung dargestellt haben. In der Praxis sind Mischtypen viel häufiger, was dann zu noch viel differenzierterem Verhalten führen kann.

Im Supermarkt fährt ein Kunde mit seinem Einkaufswagen gegen einen im Präsentationsbereich aufgeschichteten Stapel mit Katzenfutterdosen. Die Dosenpyramide stürzt mit lautem Gepolter ein. Andere Kunden werden aufmerksam und schauen gespannt zu, was weiter geschehen wird. Der Filialleiter kommt zum Ort des Lärmes.

Welcher Typ könnte der Kunde sein, wenn er folgendes Verhalten zeigt?

A: (ruhig und freundlich zum Filialleiter) „Ich glaube, es ist niemandem etwas passiert. Ich helfe Ihnen gleich, das wieder aufzubauen."

B: (leise zum Filialleiter) „Das ist mir peinlich, bitte entschuldigen Sie mein Ungeschick."

C: (fragend zum Filialleiter) „ Interessanter Werbegag! Wie viel Rabatt bekomme ich bei Abnahme von 20 Dosen?"

D: (lächelnd zu den umstehenden Kunden) „Kein Problem, ich hole Willi, meinen Superkater und der frisst das ruckzuck weg!"

E: (laut, so dass es alle Kunden hören können) „Diese Gefahrenquelle in Ihrer Verkaufsstelle ist verantwortungslos! Welcher Idiot ist dafür verantwortlich?!"

F: (bedauernd zum Filialleiter) „Schade, das mit der Pyramide war eine gute Idee - mal was anderes!"

G: (ganz ruhig) „Das kriegen wir schon wieder hin!"

H: (vorwurfsvoll zum Filialleiter) „Ich bin seit drei Jahren Kunde bei Ihnen, und noch nie stand hier dieser Dosenstapel!"

I: (belehrend zum Filialleiter) „Ich habe neulich bei Stiftung Warentest gelesen, dass in den meisten Katzenfutterdosen unzureichend Vitamine und zu viele Fettstoffe enthalten sein sollen. Was sagen Sie?"

Auflösung ab Seite 135

Fall 2 Hausmesse

Der Marketingleiter eines Unternehmens beauftragt den Leiter der Messeabteilung mit der Neugestaltung eines Veranstaltungsraumes für die diesjährige Hausmesse. Er gibt ein paar allgemeine Hinweise, wünscht viel Erfolg und will sich dann verabschieden.

Der Leiter der Messeabteilung antwortet wie folgt und der Marketingleiter erkennt sofort den Enneagrammtyp. Sie auch? Welcher Enneagrammtyp könnte sich hinter den nachfolgenden Antworten verbergen?

A: In Ordnung, die Messe wird ganz großartig, aber ich brauche etwas mehr Mittel als im vorigen Jahr.

B: OK, wann soll der Raum fertig sein?

C: Wann kann ich meinen Entwurf mit Ihnen besprechen?

D: Bis wann muss das fertig sein, wie viel darf es kosten, und bei wo sollen wir das Material bestellen?

E: Gibt es da nicht einen Entwurf von der Ausschreibung im vorigen Jahr?

F: Wir sollten unbedingt genügend Tische für Gespräche aufstellen und einen Imbissstand einrichten.

G: Unter welchem Exklusiv-Thema steht unsere diesjährige Messe?

H: Ist der Messetermin überhaupt schon bestätigt, oder gibt es noch Konflikte zwischen Produktion und Vertrieb?

I: Für die Renovierung setze ich Müller ein, die Regale baut Meyer.

Auflösung ab Seite 135

Fall 3 Restaurantbesuch

In einem guten Restaurant stößt ein Gast unbeabsichtigt mit einem Kellner zusammen. Drei volle Teller gehen zu Boden und zerbrechen mit viel Lärm. Die Gäste, die durch dieses Spektakel aufgeschreckt sind, reagieren völlig unterschiedlich.

Mit Ihrem Wissen, lieber Leser, können Sie die Reaktionen den unterschiedlichen Enneagrammtypen zuordnen – obwohl Sie ja erkannt haben, dass eine Kategorisierung aufgrund einer einzelnen Handlung oder Äußerung gefährlich ist.

A: sagt zu seinen Tischnachbarn: „Als ich damals Leiter vom Fünfsternerestaurant im Adlon war, ist einem meiner Mitarbeiter etwas ähnliches passiert."

B: steht auf und läuft zum Unglücksplatz. Dort überzeugt er sich, dass sich keiner verletzt hat, greift sich eine Serviette und hilft dem Gast, den Anzug zu reinigen.

C: wartet ab, wie die anderen reagieren und besorgt dann auf Bitte von B weitere Servietten.

D: steht auf, geht zum Gast und sagt: „Sie können dem Restaurant die Kosten für die Reinigung in Rechnung stellen. Sie können sich auch ein Taxi nehmen, sich zuhause umziehen und dann hier weiter feiern. Diese Kosten hat auch das Restaurant zu tragen. Wenn Sie Hilfe brauchen, hier ist meine Karte."

E: denkt erschrocken, dass es nur gut ist, dass ihr das nicht passiert ist. Sie stellt sich in schrecklichen Bildern vor, dass sie an Stelle des Gastes sei und am liebsten im Erdboden versinken würde.

F: ruft laut: „Ja, hat denn jemand Polterabend?"

G: schaut interessiert dem Geschehen zu und steht sogar auf, um besser sehen zu können.

H: hofft, dass die beiden Kontrahenten sich jetzt nicht streiten oder schlagen, denn dann wäre der schöne Abend gestört.

I: fühlt sich von dem Geschehen angezogen, vermeidet aber den direkten Blick auf den Unglücksort.

Auflösung ab Seite 135

...

Stellen Sie sich vor, zwei Menschen lernen sich über Internet oder per Kontaktanzeige kennen und verabreden sich zum ersten Mal. Ein Blind date! Und nehmen wir weiter an, es treffen sich – rein zufällig – genau die gleichen Enneagrammtypen. Keine Mischtypen, sondern ausgerechnet auch noch sehr stark ausgeprägte Typen. Was könnten beide nach einigen Minuten denken?

A	Er:	Wir sollten unser Date genießen und eine zweite Flasche Wein bestellen.
	Sie:	Ob ich ihn am Wochenende zu einer Ballonfahrt einlade oder lieber den Hochseilgarten besuche?
B	Er:	Eigentlich möchte ich sie auf eine Spritztour mit meinem Auto einladen, aber ich war seit gestern nicht in der Waschanlage.
	Sie:	Seine Krawatte passt perfekt zum Anzug, aber er kam 2,5 Minuten zu spät.
C	Er:	Ich möchte wissen, wie viele Beziehungen sie vorher hatte.
	Sie:	Seine Sammlung ist beeindruckend, aber muss man dafür so viel Geld ausgeben?
D	Er:	Wenn ich jetzt eine neue Beziehung beginne, leidet hoffentlich meine Arbeit nicht darunter.
	Sie:	Ich habe hoffentlich einen guten Eindruck auf ihn gemacht.
E	Er:	Sie ist nett, aber wir sollten nichts überstürzen.
	Sie:	Wenn ich wüsste, was er will, würde ich das auch gern tun, hoffentlich gibt es keinen Stress.
F	Er:	Sie ist eine gute Zuhörerin, sicher ist sie auch ein Familienmensch und kann gut kochen.
	Sie:	Wahrscheinlich hat er Sorgen. Wenn ich nur wüsste, wie ich ihm helfen kann.

G Er: Hoffentlich ist das Restaurant und das Essen nach ihrem Geschmack

Sie: Er scheint ja ganz nett zu sein. Aber ich mache mir Sorgen, ob diese Beziehung wirklich gut gehen würde.

H Er: Sie kommt meiner Traumpartnerin schon ziemlich nahe.

Sie: Ein schöner Abend, aber im Restaurant gegenüber wäre es wahrscheinlich noch romantischer gewesen.

I Er: Sie sieht nicht nur gut aus, sie ist auch intelligent und nett. Wenn sie irgendwelche Probleme hat, würde ich mich für sie sofort in den Kampf stürzen.

Sie: Er glaubt, er sei stark, aber ich biete ihm allemal die Stirn.

Auflösung ab Seite 135

Uralte Wurzeln
Zur Herkunft und Geschichte des Enneagramms

Die Herkunft des Enneagramms ist weitgehend unbekannt und umstritten. Seine Wurzeln werden zum einen in der islamischen Religion der Sufis vermutet; andere Quellen gehen von christlichem Ursprung aus. Manche sagen, es sei ca. 2500 v. Chr. in Babylon entstanden, andere schreiben Vorstufen zum Enneagramm Pythagoras oder Plato zu. Sicher ist jedoch, dass das Enneagramm ein sehr altes System ist, das über Jahrhunderte von spirituellen Lehrern mündlich überliefert wurde. Erst seit relativ kurzer Zeit erfährt das Enneagramm durch verschiedene Publikationen eine größere Verbreitung.

Ein sicherer Beleg innerhalb der Entwicklungsgeschichte des Enneagramms findet sich bei Georg Iwanowitsch Gurdjieff (ca. 1870 bis 1949), ein Weisheitslehrer und – wie man sagte – „Magiers, Mystikers und Menschenfängers" aus dem Kaukasus. Sein großes Interesse für Religion, Theologie und Philosophie ließ ihn Reisen in den mittleren und fernen Osten unternehmen. Ob er dort das Enneagramm von Mönchen übernommen hat oder nicht – fest steht, dass er es mit eigenen Deutungen versehen hat. Im Jahr 1916 stellte Gurdjieff seinen Schülern erstmals das Enneagramm-Modell in Form eines Neunecks vor. Etwa um diese Zeit traf Gurdjieff in Moskau einen Mann, der bald darauf sein eifrigster Schüler werden sollte – Piotr Demianowitsch Ouspensky (etwa 1878 bis 1947).

Ouspensky war Philosoph und Journalist und suchte nach einer Erklärung für das Besondere im menschlichen Verhalten. Im Enneagramm von Gurdjieff glaubte er das gefunden zu haben und so verbreitete er diese Lehre weiter. Im ersten

Weltkrieg mussten beide Russland verlassen und siedelten sich in Frankreich an. Beide wurden zu wichtigen Vermittlern zwischen östlichem und westlichem Denken.

Die zweite wichtige Tradition des Enneagramm stammt aus Amerika. Ohne dass zunächst ein Zusammenhang mit Gurdjieff oder Ouspensky sichtbar wird, entwickelte sich auf dem amerikanischen Kontinent ein Persönlichkeitsmodell, das neun verschiedene Persönlichkeitsmuster unterscheidet. Diese Richtung wurde von dem Chilenen Oscar Ichazo (damals Leiter eines Instituts für Persönlichkeitsforschung in Chile) begründet und durch den Psychiater und Therapeuten Claudio Naranjo (auch ein Chilene) weiterentwickelt.

Von ihm nahmen u. a. Helen Palmer und eine Vielzahl von Jesuiten das Gedankengut des Enneagramms auf, unter ihnen auch Don Richard Riso und Richard Rohr. Im deutschsprachigen Raum gehört Andreas Ebert zu den Wegbereitern des Enneagramms. Aus jüngerer Zeit stammen originär deutschsprachige systematische Ausführungen zum Enneagramm u. a. von Marie-Anne Gallen, Hans Neidhardt und Wilfried Reifarth. Weiter Ausführungen dazu findet man unter anderem unter www.engler-seminare.de im Internet.

Jetzt haben Sie das Buch gelesen. Und nun? Ein Ausblick

Sind Sie jetzt ein anderer Mensch? Kennen Sie sich selbst schon etwas besser? Oder durchschauen Sie andere schon?

Erinnern Sie sich noch an die Zeit Ihrer Fahrschule? Sie lernten wie man ein Auto steuert und die wichtigen Regeln für den Straßenverkehr. Danach erhielten Sie eine Berechtigung zum Führen eines Kfz. Aber konnten Sie dann schon Auto fahren? So richtig selbstverständlich und routiniert???

Oder haben Sie nach Erhalt des Führerscheins zunächst vorsichtig weitere Erfahrungen gesammelt? Anfangs war es doch noch schwierig, manchmal kompliziert und aber auch aufregend. Und je mehr und je weiter Sie fuhren, um so sicherer wurden Sie. Und könnten Sie heute noch ohne Auto auskommen?

Wer seine Fahrerlaubnis nach Erhalt in die Schublade legte und den Anfang in der Praxis nicht wagte ist heute noch unsicher und hat vielleicht sogar Angst, ein Auto zu fahren.

Ähnlich ist das bei der Anwendung des Enneagramms. Sie haben jetzt mit dem Enneagramm ein Persönlichkeitsmodell kennen gelernt. Das ist Ihr Führerschein, der Ihnen hilft Situationen richtig zu bewerten. Sie werden nicht sofort jede Persönlichkeit vollständig erkennen, verstehen und durchschauen. Die Menschen sind zu vielfältig. Aber einzelne Verhaltensweisen werden deutlich und sie können sie richtig einordnen. Und je öfter Sie die Techniken anwenden, um so mehr werden Sie entdecken und erkennen.

Vielleicht werden Sie bemerken, dass Dinge nicht getan werden um Sie zu ärgern, sondern einfach weil Menschen so sind wie sie sind und es ihrem Typ entspricht, sich so zu verhalten. Mit dieser Erkenntnis lassen sich Gespräche ohne anfängliche Schärfe und ohne Vorwürfe beginnen. Die Kommunikation wird dadurch verbessert und es gelingt leichter, gemeinsame Lösungen zu finden.

Wenn Sie zu dieser Einstellung gelangt sind, haben Sie schon sehr viel gewonnen!

Wir wünschen Ihnen viel Spaß bei dieser Entdeckungsreise und freuen uns, wenn Sie uns Ihre Erlebnisse berichten.

Schreiben Sie uns Ihre Erfahrungen beim Umgang mit dem Enneagramm.

Schicken Sie eine mail an info@delta-plus-training.de oder

besuchen Sie uns unter www.delta-plus-training.de im Internet.

Anhänge

Anhang A – Der Enneagramm-Fragebogen

Die Bearbeitung des Fragebogens

Viele Menschen haben Angst vor Persönlichkeitsfragebögen. Dabei steht oft ein Missverständnis am Anfang. Es wird davon ausgegangen, dass es sich um einen Persönlichkeits"test" handelt. Bei einem „Test" kann man bestehen oder durchfallen. Die Angst vor dem „durchfallen" veranlasst uns, lieber auf die Beantwortung des Fragebogens zu verzichten. Man hat Angst, etwas negatives über sich zu erfahren.

Beim Enneagramm-Fragebogen handelt es sich um keinen Test! Es gibt kein richtig oder falsch. Die Antworten sind nicht gut oder schlecht. Genau so, wie es auch keine besonders guten oder schlechten Typen gibt. Jede Persönlichkeit ist anders! Jeder hat Stärken und Schwächen. Der vorliegende Fragebogen soll Ihnen helfen, Ihre Stärken richtig einzusetzen und mit Ihren Schwächen richtig umzugehen.

Der Fragebogen enthält 115 Aussagen.
Bewerten Sie bitte, in wie weit die einzelnen Aussagen auf Sie zutreffen. Dabei kommt es nicht darauf an, ob Sie eine Aussage für gut oder schlecht – richtig oder falsch halten. Es kommt nur darauf an, ob diese Aussage auf Sie persönlich zutrifft.

Ihre Antworten sollten möglichst spontan erfolgen. Bitte grübeln Sie nicht zu lange an einer einzelnen Bewertung. Kreuzen Sie dort einfach Ihren ersten Gedanken an. Jede Aussage wird durch weitere Aussagen ergänzt, relativiert und ausgeglichen. Also keine Angst vor spontanen Entscheidungen – diese sind immer die besten! Eine Richtzeit von 15 Minuten für die 115 Aussagen hat sich als ausreichender Durchschnitt ergeben.

Wenn die Aussage auf Sie voll zutrifft, dann kreuzen Sie „volle Punktzahl", also „6" an. Trifft die Aussage absolut nicht auf Sie zu, dann kreuzen Sie die „0" an. Trifft die Aussage geringfügig auf Sie zu, dann „1" oder „2" ankreuzen und so weiter.

Und jetzt viel Spaß beim Ausfüllen.

Fragebogen

Nr.	Aussage	Bewertung 0 = stimmt gar nicht 6 = trifft voll zu						
1.	Das Leben gelingt besser, wenn man das Positive sieht, anstatt sich am Negativen aufzuhalten	0	1	2	3	4	5	6
2.	Emotional sehr angespannte Situationen kann ich nüchtern und mit Abstand betrachten	0	1	2	3	4	5	6
3.	Ich arbeite gerne innerhalb einer Behörde	0	1	2	3	4	5	6
4.	Wichtig an einem Menschen ist, dass er etwas „darstellt"	0	1	2	3	4	5	6
5.	Ich möchte unabhängig sein	0	1	2	3	4	5	6
6.	Am wichtigsten ist mir, dass die Menschen mich mögen	0	1	2	3	4	5	6
7.	Für mich ist es wichtig, die Zukunft zu planen, damit ich weiß, was auf mich zukommt	0	1	2	3	4	5	6
8.	Wenn jemand meine Hilfe braucht, bin ich bereit, mich mit ganzer Kraft für ihn einzusetzen	0	1	2	3	4	5	6
9.	Ich möchte leidenschaftlich, emotional und mit allen Sinnen leben - auch wenn es schmerzt	0	1	2	3	4	5	6
10.	Eigene oder fremde Unvollkommenheiten ertrage ich nur schwer	0	1	2	3	4	5	6
11.	Erfolg und Status (Orden, Ämter, Titel) sind für mich weniger wichtig	0	1	2	3	4	5	6

Nr.	Aussage	Bewertung 0 = stimmt gar nicht 6 = trifft voll zu						
12.	In der Liebe sind vor allem Anstand und Benehmen wichtig	0	1	2	3	4	5	6
13.	Auf neue Situationen kann ich mich gut und schnell einstellen	0	1	2	3	4	5	6
14.	Ich engagiere mich für Randgruppen, Benachteiligte, Rechtlose und Hilfebedürftige	0	1	2	3	4	5	6
15.	Das Leben ist wie ein Theaterstück, bei dem ich gleichzeitig Zuschauer und Schauspieler bin	0	1	2	3	4	5	6
16.	Für meinen beruflichen Erfolg bin ich bereit Ehe, Familie oder Freunde hinten anzustellen	0	1	2	3	4	5	6
17.	Ich habe oft ein schlechtes Gewissen	0	1	2	3	4	5	6
18.	Auch wenn so genannte Autoritäten oft inkompetent sind, zögere ich meist, gegen sie vorzugehen	0	1	2	3	4	5	6
19.	Ich lasse die Dinge gerne auf mich zukommen - vieles regelt sich dann schon ganz von alleine	0	1	2	3	4	5	6
20.	Wichtig für mich ist, dass ich im Beruf und im Privatleben meinen festen Platz habe	0	1	2	3	4	5	6
21.	Mir macht es Freude im Mittelpunkt zu stehen und ich genieße die Aufmerksamkeit anderer	0	1	2	3	4	5	6
22.	Um Auseinandersetzungen zu vermeiden, halte ich meinen Ärger oft zurück	0	1	2	3	4	5	6
23.	Ich habe das Gefühl nie "ganz erfüllt" sein zu können	0	1	2	3	4	5	6

Nr.	Aussage	Bewertung 0 = stimmt gar nicht 6 = trifft voll zu						
24.	Ich kann sehr gut einschätzen was in anderen vorgeht	0	1	2	3	4	5	6
25.	Was ich mache, mache ich meist mit Begeisterung	0	1	2	3	4	5	6
26.	Ich muss jemanden schon sehr gut kennen, bevor ich ihm Einblick in mein Privatleben gebe	0	1	2	3	4	5	6
27.	Für mich ist es wichtig, dass immer etwas los ist	0	1	2	3	4	5	6
28.	Es fällt mir leicht zu teilen	0	1	2	3	4	5	6
29.	Ich schätze es, komplexe Zusammenhänge in einfachen Bildern auszudrücken	0	1	2	3	4	5	6
30.	Manchmal überschwemmt mich eine ungewisse Angst	0	1	2	3	4	5	6
31.	Wenn mir Projekte oder Beziehungen zu langweilig sind oder „nichts mehr bringen", gebe ich sie auf	0	1	2	3	4	5	6
32.	Auch wenn es nur ein Spiel ist, mir ist wichtig zu gewinnen	0	1	2	3	4	5	6
33.	Für neue Ideen und ungewöhnliche Gedanken kann ich mich begeistern	0	1	2	3	4	5	6
34.	Viele Menschen schütten mir ihr Herz aus	0	1	2	3	4	5	6
35.	Ich vermeide auffälliges, abweichendes Verhalten	0	1	2	3	4	5	6

Nr.	Aussage	Bewertung 0 = stimmt gar nicht 6 = trifft voll zu						
36.	Ich bin besonders sensibel	0	1	2	3	4	5	6
37.	Bei sich widersprechenden Sachverhalten erscheinen mir oft beide Seiten gleich einleuchtend	0	1	2	3	4	5	6
38.	Ich habe das Gefühl etwas an mir zu haben, was mich von anderen Menschen absondert	0	1	2	3	4	5	6
39.	Auch in schwierigen Situationen versuche ich, die positiven Aspekte zu sehen	0	1	2	3	4	5	6
40.	Ich bringe meine guten Ideen oft nicht zu Papier, und Projekte, die ich im Kopf habe, bleiben in der Planung stecken	0	1	2	3	4	5	6
41.	Ich halte mich eher zurück, als dass ich meine Fähigkeiten irgendwie zeige	0	1	2	3	4	5	6
42.	Viele Menschen und Nähe empfinde ich als anstrengend: Ich brauche danach einige Zeit des Alleinseins	0	1	2	3	4	5	6
43.	Wenn einer meiner Freunde ein Problem hat spreche ich ihn darauf an	0	1	2	3	4	5	6
44.	Man wirft mir vor in persönlichen Beziehungen besonders dramatisch zu sein	0	1	2	3	4	5	6
45.	Es ist wichtig sich gut zu „verkaufen"	0	1	2	3	4	5	6
46.	Ich glaube, dass andere Menschen meine tiefen Gefühle missverstehen	0	1	2	3	4	5	6
47.	Ich drücke meinen Ärger spontan aus, aber dann ist die Sache für mich auch erledigt.	0	1	2	3	4	5	6

Nr.	Aussage	Bewertung 0 = stimmt gar nicht 6 = trifft voll zu						
48.	Ich fühle mich eigentlich nie wirklich ganz zu Hause	0	1	2	3	4	5	6
49.	Das Leben ist ein Konkurrenzkampf	0	1	2	3	4	5	6
50.	Ich unternehme keine Schritte, bevor ich nicht alle Eventualitäten durchdacht habe	0	1	2	3	4	5	6
51.	Ich möchte bestimmen wo es langgeht	0	1	2	3	4	5	6
52.	Ich habe den Hang, mich mit Vorwürfen und niederdrückenden Gedanken selbst "fertig zu machen"	0	1	2	3	4	5	6
53.	Andere sagen manchmal, es sei schwer mit mir zu leben, weil ich so "stark" bin	0	1	2	3	4	5	6
54.	Mich erfasst manchmal das Gefühl des Staunens und der Dankbarkeit für das Wunder des Lebens	0	1	2	3	4	5	6
55.	Ich beschäftige mich viel mit Gesundheit, Erziehung und Wohlergehen meiner Freunde	0	1	2	3	4	5	6
56.	Unter Spannungen und bei Konflikten geht es mir oft schlecht und ich versuche diese Situationen zu vermeiden	0	1	2	3	4	5	6
57.	Ich stehe manchmal gleichsam "neben mir" und beurteile mich	0	1	2	3	4	5	6
58.	Ich fühle mich wohl, wenn ich in einer Gemeinschaft einfach "mitschwimmen" kann	0	1	2	3	4	5	6
59.	Ich habe keine Probleme damit, ein klares „nein" zu sagen	0	1	2	3	4	5	6

Nr.	Aussage	Bewertung 0 = stimmt gar nicht 6 = trifft voll zu						
60.	Ich telefoniere gerne und viel	0	1	2	3	4	5	6
61.	Es macht mir nichts aus, wenn die Mehrheit anderer Meinung ist als ich	0	1	2	3	4	5	6
62.	Wenn ich ein Gesetz unsinnig finde, habe ich keine Skrupel, es zu brechen	0	1	2	3	4	5	6
63.	Andere sagen, ich rede schnell	0	1	2	3	4	5	6
64.	Verhandeln und "Geschäftemachen" liegt mir	0	1	2	3	4	5	6
65.	Ich kann Menschen für eine Sache begeistern und motivieren	0	1	2	3	4	5	6
66.	Mir ist wichtig meine Fähigkeiten auf möglichst vielen Gebieten zu vervollkommnen	0	1	2	3	4	5	6
67.	Für meine persönlichen Maßstäbe bin ich bereit auch Nachteile in Kauf zu nehmen	0	1	2	3	4	5	6
68.	Andere Menschen sind gerne in meiner Gesellschaft	0	1	2	3	4	5	6
69.	Mein Erscheinungsbild soll natürlich, zugleich aber chic und stilvoll sein	0	1	2	3	4	5	6
70.	In meinen Gesprächen geht es oft um die Arbeit	0	1	2	3	4	5	6
71.	Ich mag es, mir mit anderen witzige und schlagfertige "Wortgefechte" zu liefern	0	1	2	3	4	5	6

Nr.	Aussage	Bewertung 0 = stimmt gar nicht 6 = trifft voll zu						
72.	Ich bin ein Organisationstalent	0	1	2	3	4	5	6
73.	Gerechtigkeit ist mir wichtig und ich versuche sie auch durchzusetzen	0	1	2	3	4	5	6
74.	Ich verliere mich manchmal in Details (z. B. beim Aufräumen) und merke dann plötzlich, dass Stunden vergangen sind	0	1	2	3	4	5	6
75.	Wenn jemand falsche Stärke demonstriert, trete ich ihn erst einmal von seinem "hohen Ross"	0	1	2	3	4	5	6
76.	In meiner Wohnung muss alles „seinen Platz" haben	0	1	2	3	4	5	6
77.	Bei wichtigen Ereignissen sind meine Gefühle oft ausgeblendet und ich konzentriere mich auf das Geschehen	0	1	2	3	4	5	6
78.	In Gedanken kritisiere ich mich oft selbst	0	1	2	3	4	5	6
79.	Ich mache Entscheidungen oft kurz darauf wieder rückgängig, weil ich merke, dass ich doch etwas anderes will	0	1	2	3	4	5	6
80.	Ich habe oft eine verspannte Muskulatur (besonders Nacken und Schultern)	0	1	2	3	4	5	6
81.	Ich stöbere gern in Buchläden und Bibliotheken	0	1	2	3	4	5	6
82.	In meiner Phantasie spielen sich oft Szenen ab, wie etwas Schlimmes passiert	0	1	2	3	4	5	6
83.	Wenn Freunde in Not sind, wachse ich über mich selbst hinaus und wage Dinge, die ich mich sonst nicht getraue	0	1	2	3	4	5	6

Nr.	Aussage	Bewertung 0 = stimmt gar nicht 6 = trifft voll zu						
84.	Ich brauche meine Ecke, wohin ich mich zurückziehen kann, wenn mir alles zuviel wird	0	1	2	3	4	5	6
85.	Andere halten mich für sportlich und attraktiv	0	1	2	3	4	5	6
86.	Ich habe einen Blick für die Gestaltung von Räumen	0	1	2	3	4	5	6
87.	Im Beruf lege ich Wert auf ein gutes Arbeitsklima	0	1	2	3	4	5	6
88.	Ich sorge mich viel um die persönlichen Bedürfnisse und Probleme anderer	0	1	2	3	4	5	6
89.	Ich habe immer davon geträumt, Maler, Dichter, Sänger oder ähnliches zu werden	0	1	2	3	4	5	6
90.	Mir ist es wichtig die Dinge möglichst objektiv zu sehen	0	1	2	3	4	5	6
91.	Ich reise gerne	0	1	2	3	4	5	6
92.	Manche Leute halten mich für arbeitssüchtig	0	1	2	3	4	5	6
93.	Hilfsbereitschaft ist für mich eine Selbstverständlichkeit	0	1	2	3	4	5	6
94.	Ich habe einen großen Freundeskreis	0	1	2	3	4	5	6
95.	Ich habe viele verschiedene Interessengebiete	0	1	2	3	4	5	6

Nr.	Aussage	Bewertung 0 = stimmt gar nicht 6 = trifft voll zu						
96.	Andere fühlen sich von mir oft kritisiert	0	1	2	3	4	5	6
97.	Mir ist es wichtig das große Ganze zu sehen und die darin verborgenen Details zu erforschen	0	1	2	3	4	5	6
98.	Wenn sich ein Streit nicht beilegen lässt gebe ich lieber nach	0	1	2	3	4	5	6
99.	Eine unfreundliche Bemerkung sitzt bei mir oft wie ein Pfeil und kann mich noch tagelang quälen	0	1	2	3	4	5	6
100.	Ich schmiede oft Zukunftspläne um möglichst nichts von den vielen Möglichkeiten zu verpassen	0	1	2	3	4	5	6
101.	Ich bin gerne allein	0	1	2	3	4	5	6
102.	Ich ergreife selten die Initiative	0	1	2	3	4	5	6
103.	Ich kämpfe oder streite oft, einfach um für Klarheit zu sorgen	0	1	2	3	4	5	6
104.	Ich leiste mir öfter Dinge, die eigentlich zu teuer für mich sind	0	1	2	3	4	5	6
105.	Mir fällt es schwer abzuschalten, zu entspannen und einfach nur zu genießen	0	1	2	3	4	5	6
106.	Ich werde oft von Selbstzweifeln befallen	0	1	2	3	4	5	6
107.	Wenn ich eine Aufgabe zu erledigen habe, müssen die Gefühle warten	0	1	2	3	4	5	6

Nr.	Aussage	Bewertung 0 = stimmt gar nicht 6 = trifft voll zu						
108.	Ich lebe ganz für meinen Partner, meine Familie, meine Freunde	0	1	2	3	4	5	6
109.	Leerlauf und Faulenzen kann ich in meinem Tagesablauf nicht gebrauchen	0	1	2	3	4	5	6
110.	Konflikte versuche ich unbedingt zu vermeiden	0	1	2	3	4	5	6
111.	In meinen Beziehungen bestimme ich gern wo es lang geht	0	1	2	3	4	5	6
112.	Ich bin mir oft nicht sicher ob mich andere Menschen nur mögen, weil ich nett zu ihnen bin	0	1	2	3	4	5	6
113.	Zur Lösung von schwierigen Aufgaben ziehe ich mich gern zurück und analysiere die Situation erst mal in Ruhe	0	1	2	3	4	5	6
114.	Ich drücke meine Empfindungen gerne künstlerisch aus (Musik, Malerei, Schauspiel, Literatur)	0	1	2	3	4	5	6
115.	Ich stehe oft unter Zeitdruck	0	1	2	3	4	5	6

So ermitteln Sie Ihren Enneagrammtyp

Herzlichen Glückwunsch, Ihr erstes Ergebnis bei der Erarbeitung Ihres persönlichen Enneagramms liegt vor.

Jetzt übertragen Sie bei jeder Aussage Ihren angekreuzten Wert in die dick umrandeten Kästchen der nachfolgenden Tabelle – exakt Zeile für Zeile. Wenn sich in einer Zeile zwei dick umrandete Kästchen befinden, tragen Sie bitte in jedes dieser Kästchen Ihren jeweils angekreuzten Wert ein.

Bei Aussage 11 (und anderen) sehen Sie in der Tabelle neben dem dick umrandeten auch noch ein gestricheltes Kästchen.

In die gestrichelten Kästchen tragen Sie die Umkehrwerte ein also wie folgt:

Ihr angekreuzter Wert	0	1	2	3	4	5	6
	↕	↕	↕	↕	↕	↕	↕
Einzutragender Wert	6	5	4	3	2	1	0

Beachten Sie bitte, dass bei Aussage 61 nur ein gestricheltes Kästchen vorhanden ist – also bitte den Wert laut der obenstehenden Tabelle eintragen.

Bei Aussage 106 und 110 kommt erst ein gestricheltes und dann das dick umrandete Kästchen, bei Aussage 59 und 111 ist es umgekehrt.

Typ / Frage	Eins	Zwei	Drei	Vier	Fünf	Sechs	Sieben	Acht	Neun
1.	X	X	X	X	X	X		X	X
2.	X	X	X	X		X	X	X	X
3.	X	X	X	X	X		X	X	X
4.	X	X		X	X	X	X	X	X
5.	X	X	X	X	X	X	X		X
6.	X		X	X	X	X	X	X	X
7.	X	X	X	X	X		X	X	X
8.	X		X	X	X	X	X	X	X
9.	X	X	X		X	X	X		X
10.		X	X	X	X	X	X	X	X
11.	X	X		X	X	X	X	X	
12.		X	X	X	X	X	X	X	X
13.	X	X		X	X	X	X	X	X
14.	X		X	X	X	X	X		X
15.	X	X	X		X	X	X	X	X
16.	X	X		X	X	X	X	X	X
17.		X	X	X	X	X	X	X	X
18.	X	X	X	X	X		X	X	X
19.	X	X	X	X	X	X	X	X	
20.	X	X	X	X	X		X	X	X
21.	X	X		X	X	X	X	X	X
22.	X	X	X	X	X	X	X	X	
23.	X	X	X		X	X	X	X	X

Summe									

Übertrag									

24.	X		X	X	X	X	X	X	X
25.	X	X	X	X	X	X		X	X
26.	X	X	X	X		X	X	X	X
27.	X	X	X	X	X	X		X	X
28.	X		X	X	X	X	X	X	X
29.	X	X	X	X		X	X	X	X
30.	X	X	X	X	X		X	X	X
31.	X	X	X	X	X	X		X	X
32.	X	X	X	X	X	X	X		X
33.	X	X	X	X		X		X	X
34.	X		X	X	X	X	X	X	X
35.	X	X	X	X	X		X	X	X
36.	X	X	X		X	X	X	X	X
37.	X	X	X	X		X	X	X	
38.	X	X	X		X	X	X	X	X
39.	X	X	X	X	X	X		X	X
40.	X	X	X	X		X	X	X	X
41.	X	X	X	X	X	X	X	X	
42.	X	X	X	X		X	X	X	X
43.	X		X	X	X	X	X	X	X
44.	X	X	X		X	X	X	X	X
45.	X	X		X	X	X	X	X	X
46.	X	X	X		X	X	X	X	X
47.	X	X	X	X	X	X	X		X

Summe									

Übertrag									

48.									
49.									
50.									
51.									
52.									
53.									
54.									
55.									
56.									
57.									
58.									
59.									
60.									
61.									
62.									
63.									
64.									
65.									
66.									
67.									
68.									
69.									
70.									
71.									

Summe									

Übertrag									
72.	X	X		X	X	X	X	X	X
73.	X	X	X	X	X	X		X	X
74.	X	X		X	X	X	X	X	X
75.		X	X	X	X	X	X		X
76.		X	X	X	X	X	X	X	X
77.	X	X	X	X		X	X	X	X
78.		X	X	X	X	X	X	X	X
79.	X	X	X	X	X		X	X	X
80.		X	X	X	X	X	X	X	X
81.	X	X	X	X		X	X	X	X
82.	X	X	X	X	X		X	X	X
83.	X		X	X	X	X	X	X	X
84.	X	X	X	X		X	X	X	X
85.	X	X		X	X	X	X	X	X
86.	X	X	X		X	X	X	X	X
87.	X	X	X	X	X	X	X	X	
88.	X		X	X	X	X	X	X	X
89.	X	X	X		X	X	X	X	X
90.	X	X	X	X		X	X	X	X
91.	X	X	X	X	X	X		X	X
92.		X		X	X	X	X	X	X
93.	X		X	X	X	X	X	X	X
94.	X		X	X	X	X	X	X	X
95.	X	X	X	X	X	X		X	X
Summe									

Übertrag									

96.									
97.									
98.									
99.									
100.									
101.									
102.									
103.									
104.									
105.									
106.									
107.									
108.									
109.									
110.									
111.									
112.									
113.									
114.									
115.									

Gesamt									
Typ	Eins	Zwei	Drei	Vier	Fünf	Sechs	Sieben	Acht	Neun

Die Punktzahl

So, ein weiterer Schritt ist geschafft! Jetzt addieren Sie bitte in jeder der 9 Spalten Ihre eingetragenen Werte. Bitte addieren Sie von Seite zu Seite Ihre Überträge jeweils mit dazu. Als Ergebnis stehen dann in der Zeile „Gesamt" 9 Zahlen nebeneinander. Sollte eine dieser Zahlen größer als 90 sein, prüfen Sie bitte noch ein mal Ihre Rechnung. Auch beim allergrößten Zufall kann sich keine Zahl größer als 90 ergeben.

Bitte jetzt addieren

Die Normentabelle

In der nachfolgenden Normentabelle finden Sie für jeden Enneagrammtyp eine Spalte und dort den jeweils von Ihnen in der Gasamtzeile ermittelten Wert. Wenn Sie zum Beispiel im Fragebogen in der Spalte 1 bei den Gesamtwert „55" errechnet haben, so finden Sie in der Normentabelle in Spalte 1 den Wert „55" bei „55-60" in der Zeile 6.

Zeichnen Sie um diesen Wert einen Kreis. Noch ein Beispiel: Wenn Sie in Spalte 2 bei Ihrer Gesamt-Zeile den Wert „50" haben, so suchen Sie in der Normentabelle in der Spalte 2 den Wert „50". Sie finden Ihn bei „49-53" in der Zeile 4. Bitte ebenfalls umranden und mit allen anderen Spalten ebenso verfahren. Nachdem Sie in allen Spalten „Ihren" Wert eingekreist haben, sind Sie Ihrem persönlichen Enneagramm-Profil schon sehr nahe.

Normentabelle									
Stellen-wert	Die neun Enneagrammtypen								
	Eins	**Zwei**	**Drei**	**Vier**	**Fünf**	**Sechs**	**Sieben**	**Acht**	**Neun**
0	0-25	0-32	0-20	0-18	0-35	0-17	0-31	0-21	0-30
1	26-31	33-37	21-26	19-25	36-41	18-24	32-36	22-27	31-36
2	32-37	38-43	27-31	26-31	42-46	25-30	37-41	28-33	37-41
3	38-42	44-48	32-36	32-38	47-51	31-37	42-46	34-39	42-47
4	43-48	49-53	37-41	39-44	52-56	38-43	47-50	40-45	48-52
5	49-54	54-59	42-47	45-51	57-62	44-50	51-56	46-52	53-58
6	55-60	60-65	48-52	52-58	63-67	51-57	57-61	53-58	59-63
7	61-66	66-71	53-58	59-64	68-72	58-64	62-66	59-64	64-68
8	67-72	72-76	59-63	65-71	73-77	65-70	67-71	65-71	69-74
9	73-90	77-90	64-90	72-90	78-90	71-90	72-90	72-90	75-90

Jetzt brauchen Sie nur noch in jeder Spalte den Stellenwert (St-Wert) für die Ausprägung des jeweiligen Verhaltens abzulesen und in das nachfolgende Enneagramm-Profil in der entsprechenden Spalte einzutragen. Achtung: Im Profil sind die Stellenwerte absteigend, im Gegensatz zur Normentabelle.

Wenn Sie jetzt noch die einzelnen Punkte wie bei einer Aktienkurve verbinden, erhalten Sie Ihr ganz persönliches Enneagramm.

Enneagramm-Profil									
Stellen-wert	Die neun Enneagrammtypen								
	Eins	**Zwei**	**Drei**	**Vier**	**Fünf**	**Sechs**	**Sieben**	**Acht**	**Neun**
9	▪	▪	▪	▪	▪	▪	▪	▪	▪
8	▪	▪	▪	▪	▪	▪	▪	▪	▪
7	▪	▪	▪	▪	▪	▪	▪	▪	▪
6	▪	▪	▪	▪	▪	▪	▪	▪	▪
5	▪	▪	▪	▪	▪	▪	▪	▪	▪
4	▪	▪	▪	▪	▪	▪	▪	▪	▪
3	▪	▪	▪	▪	▪	▪	▪	▪	▪
2	▪	▪	▪	▪	▪	▪	▪	▪	▪
1	▪	▪	▪	▪	▪	▪	▪	▪	▪
0	▪	▪	▪	▪	▪	▪	▪	▪	▪

Herzlichen Glückwunsch.

Wie Sie dieses Profil auswerten und nutzen können, erfahren Sie im Kapitel „Die einzelnen Grundtypen" ab Seite 9

Anhang B - Auflösungen

Supermarkt

A Typ 2 Nachdem sich die Zwei überzeugt hat, dass keine Personen zu Schaden gekommen sind, bietet sie ihre Hilfe beim Aufräumen an.

B Typ 1 Der Perfektionist hat einen Fehler gemacht. Er fühlt sich von den anderen Kunden beobachtet und möchte am liebsten im Erdboden versinken. Er versucht sich leise zu entschuldigen, da ihm alles sehr peinlich ist.

C Typ 3 Die Drei stellt sich den Problemen. Als guter Verkäufer geht sie aber gleich in die Offensive und versucht ein gutes Geschäft abzuschließen.

D Typ 7 Mit ihrer positiven Grundeinstellung und mit Humor bewältigt die Sieben diese Situation. Sie nimmt das alles nicht so tragisch.

E Typ 8 Laut und direkt wie Achter sind, versucht sie, einen vermeintlichen Fehler der Verkaufsstelle aufzudecken. Die Acht sieht das als ihren Teil der Verantwortung für Ordnung und Gerechtigkeit.

F Typ 4 Die Vier bemerkt die kreative Werbegestaltung. Ihr gefällt diese „andere" Art der Präsentation und bedauert die Zerstörung des „Kunstwerkes". Den materiellen Schaden schätzt sie hier eher gering an.

G Typ 9 Nur keine Konflikte! Die Neun geht davon aus, dass alles wieder gut wird.

H Typ 6 Die Sechs hat feste Gewohnheiten und mag keine plötzlichen Veränderungen. Daher der vorwurfsvolle Ton gegenüber dem Filialleiter.

I Typ 5 Die Fünf zieht sich bei der Konfrontation mit einem Problem gern auf ein für sie sicher erscheinendes Territorium zurück. Das ist in diesem Fall die Diskussion über den Fettstoffgehalt des Futters.

Hausmesse

A Typ 7 Die Sieben will eine besondere Messe mit Aktion und Abenteuer gestalten. Sie soll noch größer und schöner werden als im letzten Jahr. Nur kommt die Sieben dann nicht mit den zur Verfügung stehenden Mitteln aus.

B Typ 3 Der Macher legt los! Er nutzt seine Freiheiten für eigene Entscheidungen und fragt nur nach dem Termin.

C Typ 6 Auch Sechser haben kreative Gedanken und arbeiten zuverlässig. Sie möchten sich für ihre Vorhaben aber erst die Zustimmung des Vorgesetzten einholen.

D Typ 1 Die Eins will alles ganz perfekt erledigen und fragt daher nach so vielen Details wie möglich.

E Typ 5 Die Fünf mit ihrem umfangreichen Detailwissen erinnert sich sofort, dass es da schon mal Entwürfe gab. Sparsam wie sie ist, versucht sie, zunächst diese Studien zu prüfen.

F	Typ 2	Natürlich denkt die Zwei zuerst an das Wohlergehen der Besucher.
G	Typ 4	Die Vier will die Messe zu einem Erlebnis werden lassen. Das „Exklusivthema" wird Bestandteil einer gefühlsbetonten Präsentation.
H	Typ 9	Die Neun versucht schon im Vorfeld Konflikte zu vermeiden.
I	Typ 8	Kurz und präzise teilt die Acht mit, dass sie alles im Griff hat und wem sie die wesentlichen Aufgaben übertragen wird.

Restaurantbesuch

A Eine typische Reaktion von Dreiern. Passiert etwas, nutzt die Drei die Situation um sich ins rechte Licht zu setzen und ihre Vorzüge darzustellen. Eine wunderbare Chance für die Drei auf ihre Erfahrungen als Restaurantleiter im Adlon hinzuweisen.

B Das ist ein Zweier, er hilft sofort, ohne sich zu fragen, ob seine Hilfe wirklich gewollt wird.

C Auch dieser Typ hilft, aber erst nach Aufforderung. Die Sechs wartet ab und trifft zunächst keine eigene Entscheidung. Aber nach Aufforderung tut sie ihre Pflicht.

D Die Acht hilft auch. Wahrscheinlich war es ein schöner Abend und die Acht fühlt sich wohl, so dass ihr

Verhalten Eigenschaften der Zwei annimmt (Entspannungspfeil). Sie hilft aber nicht beim Reinigen der Kleidung oder beim Aufräumen der Scherben, sondern beim Herstellen der Gerechtigkeit (zumindest sieht die Acht das so). Sie unterstützt dabei den Schwächeren, hier also den Gast. Manche Leser haben vielleicht vermutet, dass es sich um die Fünf handelt, wegen des umfangreichen Wissens. Gegen die Fünf spricht, dass D sofort auf den Gast zu ging und ihn ansprach. Die Fünf hat zwar auch das Wissen, behält es aber eher für sich und geht seltener auf andere zu.

E Für die Eins wäre diese Situation, egal ob als Kellner oder Gast, der absolute Horror. Und die Eins malt sich oft schlimme Situationen in den schrecklichsten Farben aus.

F Die Sieben rationalisiert hier mit einem Scherz das Problem weg. Mit Humor will sie die anderen veranlassen, das ganze nicht so tragisch zu sehen.

G Fünfer sind nicht neugierig, sie wollen nur alles wissen. Die Fünf greift nicht in das Geschehen ein, wechselt aber den Standort, um besser beobachten zu können.

H Die Neun ist mit dem bisherigen Verlauf des Abends zufrieden und möchte nicht, dass das durch den Vorfall anders wird.

I Die Vier zieht sich bei Problemen gern zurück. Gleichzeitig ist sie am Geschehen interessiert und will die Emotionen der Beteiligten erleben.

A	Typ 7	Die Siebener suchen das Abenteuer oder wenigstens die neue Herausforderung.
B	Typ 1	Natürlich ist ein ungewaschenes Auto nicht perfekt. Da die Eins Wert auf Stil und Etikette legt, ist auch eine Verspätung nicht zu entschuldigen.
C	Typ 5	Fünfer wollen alles wissen, sind an allem interessiert, aber mitunter eben auch geizig.
D	Typ 3	Für Dreier ist Erfolg wichtig. Dazu zählt ein guter Eindruck, aber auch die Sorge, im Beruf weiterhin Höchstleistungen vollbringen zu können, um weiter auf Platz Eins stehen zu können.
E	Typ 9	Neuner sind vorsichtig und wollen keinen Konflikt. Sie möchten auf den anderen zugehen und versuchen zu ergründen, was den anderen bewegt.
F	Typ 2	Helfen, zuhören, für die Familie da sein – natürlich sind das Zweier.
G	Typ 6	Die Sechser machen sich Sorgen ob alles richtig ist, oder ob sie sich falsch verhalten haben könnten.
H	Typ 4	Die Vorstellung des Unerreichbaren und der Hang zu Höherem sind typisch für Vierer.
I	Typ 8	Während er sich wohl fühlt und als Achter mit Entspannungspfeil auf „Beschützen" schaltet, ist sie noch auf Kampf und Klärung der Kompetenzen aus.